Gloria Boileau

Ohne Angst leben

GLORIA BOILEAU

OHNE ANGST

LEBEN!

Aus dem Amerikanischen von Anja Schmidtke

||||||||||||||||||||||||||||||||||||||||||||| SILBERSCHNUR ❦ VERLAG

Copyright der deutschen Ausgabe © 2014 Verlag »Die Silberschnur« GmbH
Copyright der Originalausgabe:
STOP THE FEAR: Finding Peace in a Chaotic World, © 2006.
All Rights Reserved. Published by arrangement with the author, Gloria Boileau.

ISBN: 978-3-89845-424-7

1. Auflage 2014

Gestaltung & Satz: XPresentation, Güllesheim
Umschlaggestaltung: XPresentation, Güllesheim; unter Verwendung eines Motivs
von © Igor Yaruta, www.fotolia.de
Druck: Finidr, s.r.o. Cesky Tesin

Verlag »Die Silberschnur« GmbH
Steinstraße 1 · D-56593 Güllesheim
www.silberschnur.de · E-Mail: info@silberschnur.de

Inhalt

Inhalt

Wenn Sie die "Echo"-Übungen in Ihren Alltag integrieren, verjagen Sie Ihre Ängste und finden Frieden. Dafür ist es wichtig, sie regelmäßig zu praktizieren. Um die "Echo"-Übungen leichter zu finden, sind sie hier aufgelistet.

Widmung

Dieses Buch ist Ihnen, den Leser/innen, gewidmet, für Ihre Bereitschaft, Frieden zu finden und sich von Angst zu befreien.

Jede Generation sollte es sich zum Ziel setzen, aus dieser Welt einen besseren Ort für die kommenden Generationen zu machen. Dieses Buch ist mein Beitrag zu diesem Anliegen, und ich hoffe, dass seine Inhalte bei jetzigen und künftigen Leser/innen Anklang finden werden.

Vorwort

Willkommen an Bord! Sie sind dabei, eine Reise anzutreten, die Sie an einen besseren, friedlicheren Ort führen wird. Wenn Sie an einer bestimmten Angst oder mehreren Ängsten leiden – und das tun sehr viele Menschen –, wird dieses Buch Ihnen mit speziellen Methoden helfen, Ihr Leid zu lindern.

Psychologen und Therapeuten sprechen ja gerne in Rätseln, ich mag es lieber direkt. Ich habe zwar Kurse in Psychologie absolviert, bin aber keine praktizierende Therapeutin und habe hier mein Bestes gegeben, um genau auf den Punkt zu kommen und psychologische Analysen zu vermeiden. Auf den folgenden Seiten werden Sie spezielle Übungen finden, um Ihr Leid zu lindern. Die hier beschriebenen Methoden setze ich seit über zwanzig Jahren bei Vorträgen und Workshops ein. Sie schaffen es immer wieder, Müden neue Energie zu schenken und ihre Ängste davonzujagen. Die Anwender erlangen neue Erkenntnisse über sich und die Welt. Die meisten beginnen diese Reise als Skeptiker, aber wenn sie merken, wie gut sie ihnen tut, machen ihre Zweifel Einsicht und Hoffnung Platz.

Die Menschen und ihre Ängste in diesem Buch sind echt, aber ihre Identität wurde geändert. Name, Job, Seriennummer, Beschreibungen und manchmal sogar das Geschlecht wurden geändert, um ihre Anonymität zu wahren. Ich habe sie deshalb so unkenntlich gemacht, damit sie sogar von ihrer eigenen Mutter nicht wiedererkannt werden. Nicht geändert habe ich dagegen die Angst, die diese Menschen beherrschte, und die Methoden, die sie einsetzten, um einen Weg aus ihrer Dunkelheit zu finden.

Das Buch ist so aufgebaut, dass es leicht zu lesen ist. Unterwegs werden Sie immer wieder vier Symbole finden:

- Pause   Pause

- Phönix-Echos   ECHOS

- Gleichgewicht   Zeit zu üben

Wenn Sie das *Pause*-Symbol entdecken, hoffe ich, dass Sie kurz aufhören zu lesen und über das gerade Gelesene nachdenken. Stellen Sie sich einen ruhigen Ort vor und werden Sie still, dann erfassen Sie den Inhalt besser. Wenn Sie wollen, legen Sie dann also bitte eine kurze Pause ein, und sinnen Sie über die Botschaft in dem Abschnitt vor dem *Pause*-Symbol nach, bevor Sie weiterlesen.

Vor dem Ende jedes Kapitels werden Sie auf das *Phönix-Echos*-Symbol stoßen. Der Phönix ist eines der bekanntesten Symbole der Mythologie. Dieser mythische Vogel wurde von Feuer verzehrt und aus seiner Asche neu geboren. Ich hoffe, dass die Schritt-für-Schritt-Anleitungen am Ende jedes Kapitels den Lesern helfen, ebenfalls aus ihrer eigenen Asche zu steigen. Die Flügel des Phönix-Symbols umarmen das Wort "Echos". Mythologie-Bewanderte kennen die Geschichte von Echo und wie am Ende nur noch ihre Stimme von ihr übrig blieb. Die *Phönix-Echos*-Abschnitte in diesem Buch zeigen Ihnen Übungen, die Ihnen helfen, einen Weg zu dem Menschen zu finden, der Sie in Wahrheit sein sollen.

Wenn Sie die Informationen in sich aufnehmen und die Methoden *üben*, verbessern Sie Ihre seelische und geistige Stabilität und bewahren Ihr Gleichgewicht im Leben. Und genau dieses

Gleichgewicht werden Sie erreichen wollen. *Bitte* überfliegen Sie den Text nicht nur. Wenn Sie sich Zeit nehmen, über den Text nachzudenken, und die Methoden in jedem Kapitel *üben*, wird ein Gefühl inneren Friedens Ihre Angst verdrängen. Wenn Sie die Übungen überspringen, betrügen Sie sich selbst um den Nutzen. Also: *Wenn Sie Ihre Ängste besiegen und Frieden finden wollen, überfliegen Sie den Text nicht nur, und üben Sie jede Methode sorgfältig.*

Die Leser dieses Buches werden auch auf sogenannte Resonanzworte stoßen. Diese Worte sind an der Kursivschrift zu erkennen. Ich hoffe, dass Sie, wenn Sie eine solche Stelle im Text finden, einen Augenblick innehalten, um sie zu verinnerlichen.

Es ist auch sinnvoller, die Kapitel nacheinander zu lesen. Das Buch ist wie ein Baukastensystem aufgebaut, das Ihnen helfen wird, alte Gewohnheiten und schädliche Denkweisen auszumerzen. Wenn Sie diese Grundlagen wirklich verinnerlichen, werden Sie besser für Ihr Leben gerüstet sein und Zugang zu höheren Dimensionen finden.

In diesem Buch finden sich auch einige esoterische Botschaften, und mit den hier beschriebenen Methoden werden Sie faszinierende Orte besuchen können. Einige von Ihnen werden beschließen, ein anderer Mensch zu werden, andere werden sich einfach nur besser fühlen. Diese Reise Ihres Selbst wird erhebend und erhellend sein. Sie werden dabei an Gewicht verlieren – vielleicht nicht körperlich, aber das "Päckchen", das Sie gerade zu tragen haben, wird sich auflösen.

Also atmen Sie tief durch – nicht aus Angst, sondern aus Vorfreude auf die guten Dinge, die da kommen werden. Es ist Zeit, die Angst loszulassen und die Freiheit zu begrüßen. Blättern Sie um und beginnen Sie die Reise, auf der Sie sich von Ihrer Angst befreien und Ihren Weg in ein harmonisches Leben finden werden.

In Frieden und Liebe.
Gloria Boileau

Danksagung

Dieses Buch war über fünf Jahre lang in Arbeit, und viele Menschen haben mir geholfen, mein Projekt zu verwirklichen.

Mein brillanter Lektor Alan Russell filterte meine Gedanken und verpasste meinen Worten den letzten Schliff. Dank seiner vorzüglichen Hilfe wurde meine Vision zur Realität.

Antoinette Kuritz von Strategies Literary schenkte mir wertvolle Einsichten, die mir halfen, dieses Buch zu formulieren und Wirklichkeit werden zu lassen.

Mein aufrichtiger Dank geht an meine Klienten. Sie bestanden darauf, dass ich weitermachte und dieses Buch zu Ende schrieb. Ihr unermüdlicher Enthusiasmus und ihre Erwartungen hielten mich bei der Stange.

Da mich dieses Buch komplett in Anspruch nahm, danke ich meiner Familie und meinen Freunden für ihren anhaltenden Zuspruch und ihr Verständnis. Ich weiß, dass ich mich aufgrund der Anforderungen dieses Buches in eurem Leben rar gemacht habe, und weiß zu schätzen, dass ihr mich im Herzen behalten habt.

Mehrere Bibliothekare in San Diego haben mich bei meinen Recherchen unterstützt und mir geholfen, Antworten auf meine Fragen zu finden. Ich bin ihnen sehr dankbar für die Zusammenarbeit. Mein ganz besonderes Lob geht an das Personal der *Rancho San Diego Library*.

Man braucht wirklich ein ganzes Dorf, um ein Buch zu schreiben. Ich danke euch allen von Herzen.

Mut ist nicht die Abwesenheit von Angst,
sondern der Sieg darüber.

– ANONYM

Einleitung

Angst ist nur ein Wort

Was ich an meinen Workshops am meisten mag, ist, dass wir lachen. Bitte verstehen Sie mich nicht falsch. Wir erörtern alle möglichen ernsthaften Themen, und am Ende unserer gemeinsamen Zeit beschreiben viele Teilnehmer die Erfahrung als *lebensverändernd* – aber nebenbei lachen wir. Wohlgemerkt rede ich hier nicht von höflichem Gekicher. Wenn ich sage, wir lachen, dann meine ich lachen, dass uns der Bauch wehtut, wir uns schütteln und uns die Tränen kommen. Es gibt einen Grund für diese Lachsalven: So hört es sich an, wenn Angst besiegt wird.

Es macht keinen Spaß, Angst zu haben. In meiner Arbeit und meinen Seminaren begegne ich den unterschiedlichsten Menschen, die Opfer irgendeiner Angst sind. Wegen ihrer Angst haben sich viele eine Bunkermentalität zugelegt und trauen sich nicht, voranzugehen oder aus ihrem Trott auszubrechen. Manche zeigen sich ängstlich, andere führen das, was Thoreau ein Leben in stummer Verzweiflung nennt. Angst hat viele Gesichter, und ich helfe meinen Klienten, ihr einen Spiegel vorzuhalten. Ein schwedisches

Sprichwort besagt: "Sorgen verleihen kleinen Dingen einen großen Schatten." Anders drückt es ein deutsches Sprichwort aus: "Die Angst macht den Wolf größer, als er ist."

Meine Arbeit besteht darin, diesen imaginären Wolf zu einem Schoßhündchen zu machen; meine Aufgabe ist es, ein Licht aufzuzeigen, das die Schatten verscheucht. Ich halte mich nicht für eine Wundertäterin, aber gerne zitiere ich hier Louisa May Alcott: "Ich habe keine Angst vor Stürmen, sie lehren mich, mein Schiff zu steuern." Meine Aufgabe ist es, Menschen zu zeigen, wie sie ihr Schiff sogar unter den widrigsten Umständen steuern können.

Da ich rund um die Welt Vorträge halte, werde ich meist als "internationale Referentin" bezeichnet, eine nützliche Allerweltsbezeichnung, die mir schon die unglaublichsten Türen geöffnet hat. Einigen bin ich immer noch scherzhaft als *Queen of Total Image* bekannt, eine Jobbezeichnung, die durch meine Tätigkeit als Imageberaterin entstand. In meiner jahrelangen Arbeit in diesem Bereich ging es nie darum, meine Klienten einfach nur in hübsche Klamotten zu stecken, sondern darum, ihnen zu helfen, ihr Inneres durch ihre Kleidung auch im Außen zum Ausdruck zu bringen. Im Laufe der Zeit merkte ich, dass ich mich immer weniger auf die Kleidung und mehr auf die drückenden Sorgen meiner Klienten konzentrierte. Die *Queen of Total Image* ist inzwischen in Rente, meine Arbeit hat sich weiterentwickelt. Nach dreißig Jahren täglicher Meditation hat sich meine innere Landschaft verändert und spiegelt sich nun in meiner äußeren Welt. Heute verbringe ich meine Zeit damit, inspirative Workshops zu geben und Menschen zu beraten, damit sie sich von ihrer Angst befreien und ihr gewöhnliches Leben in ein außergewöhnliches verwandeln können.

Angst kommt in vielen Formen daher, und oft macht sie Träume kaputt und beeinträchtigt unser Leben. Für manche Menschen ist Angst ein Berg, der unbezwingbar ist; für andere ein Gefängnis, das sie einkerkert; für viele ein Schatten, der Licht ausradiert. Denken Sie an Ihre eigenen Ängste. Wenn Ihre Ängste Ihren Träumen im Weg stehen oder Sie am Vorankommen hindern, dann ist es Zeit, sie loszuwerden!

Ich weiß, wovon ich rede. Als Kind wuchs ich in einer Atmosphäre der Angst auf. Ich kam aus einer Problemfamilie, über mir und meiner Welt lag ein dunkler Schatten. Zu Hause fühlte ich mich ganz und gar nicht zu Hause, weshalb ich Zuflucht an anderen Orten suchte. Ein besonderer Ort war die *Christ King Catholic Church*, die mehr als eine Meile von zu Hause entfernt lag. Mit sieben Jahren begann ich, wöchentlich zu dieser Kirche zu pilgern. An vielen Sonntagen ging ich ganz allein in die Kirche. Da das Geld knapp war, gab meine Mutter mir zwei Pennys für die Kollekte mit. Ich pflegte mich in den hinteren Teil der Kirche zu setzen, da ich mich nicht so weit nach vorn traute, wenn ich ganz alleine war. Wenn der Gottesdienst zu Ende war, bahnte ich mir immer den Weg zum Weihwasserbecken, und wenn niemand hinsah, übergoss ich mich förmlich mit dem geheiligten Nass.

Ich ging immer zur Acht-Uhr-Messe, weil sie wesentlich kürzer war als die anderen Messen. Rückblickend ist klar, dass ich versuchte, der Angst zu Hause zu entkommen, in der Hoffnung, einen Zufluchtsort mit verwandten Seelen zu finden. Ich wusste, dass da draußen etwas war, auch wenn ich nicht wusste, was es war.

Meine wöchentliche Pilgerfahrt brachte mir auch einen unerwarteten Nutzen, da es ja immer unerwarteten Nutzen gibt, wenn man sich auf eine Selbstentdeckungsreise wagt. Ich lernte einen freundlichen alten Busfahrer kennen, der, nachdem er meine einsamen Sonntagsausflüge zur Kirche mitbekommen hatte, begann, regelmäßig am Straßenrand zu halten und mich kostenlos mitzunehmen, und der nebenbei auch noch wunderbar freundliche Worte zu mir sagte. Auf dem Rückweg blieb ich immer vor einer bestimmten Bäckerei stehen, um die tollen Auslagen zu bewundern, und lernte die "Bäckereifrau" kennen, die mir oft himmlische

Köstlichkeiten zusteckte. In die Kirche zu gehen war irgendwie nicht nur eine Flucht, sondern ein richtiges Abenteuer.

Wenn das Chaos zu Hause ein Bleiben unmöglich machte, flüchtete ich auch oft zu meinem "Besserfühlbaum", einer majestätischen Trauerweide, deren Äste mir einen wunderbaren Blick auf den Menomonee River boten. Damals wusste ich nicht, dass Menomonee "gute Saat" bedeutet, zurückgehend auf die Zeit, als an seinen Ufern üppiges wildes Gras wuchs. Wir lebten in einem hübschen ländlichen Teil von Milwaukee, an einem Ort, wo man leicht in Tagträume verfallen konnte, selbst in schwierigen Zeiten, und von meinem Besserfühlbaum aus beobachtete ich die vielen Gesichter des Wassers. An manchen Tagen war die Strömung träge, an anderen schoss das Wasser nur so dahin. Der Menomonee River hatte viele Launen, genau wie ich. Was mich tröstete, war, dass das Wasser irgendwohin unterwegs war. Als Mädchen wusste ich nicht, was ich später einmal tun wollte, aber ich wollte auch irgendwohin. Ich konnte ja nicht ahnen, dass ich Landei eines Tages in noch viel entferntere Gebiete reisen würde als der Menomonee River.

Pause

In meiner Familie war ich das fünfte von sechs Kindern. Eine Zeit lang war ich die Jüngste in der Familie; mein Bruder kam sechs Jahre nach mir auf die Welt. Als Kind meckerte man oft an mir herum und sagte mir, ich sei ein "Fehler" gewesen. Meine Familie erzählte mir gerne die Geschichte, wie das Krankenhaus zwei Wochen nach der Geburt anrief und meine Eltern fragte, ob sie mich zur Adoption freigeben wollten. Die Anfrage kam, weil ich immer noch dort war und nur sehr wenige Besucher hatte. Später wurde mir erklärt, dass ich deshalb so lange im Krankenhaus bleiben musste, weil eines meiner Geschwister eine Lungenentzündung hatte. Als Erwachsene verstand ich den Grund für meinen verlängerten Krankenhausaufenthalt, aber als Kind gaben mir die Witzeleien über meine Geburt jedes Mal einen Stich. Da vor mir schon drei Mädchen hintereinander auf die Welt gekommen waren, war klar, dass jeder auf einen Jungen und nicht *noch* ein Mädchen gehofft hatte.

Die klinische Psychologin Harriet Lerner, Autorin des Buches *Wohin mit meiner Wut?*, stellte fest: Die Definition einer dysfunktionalen Familie ist jede Familie, in der es mehr als eine Person gibt. Als ich diese Beschreibung las, musste ich lachen – und nachdenken. Rückblickend *erkenne ich, dass die meisten Familien mehr oder weniger dysfunktional sind.* Familiäre Bande können unterstützend sein, aber auch hemmende Fesseln. Um meinen Weg zum Frieden zu finden, war es notwendig, dass ich mir Verbindungen außerhalb meiner Verwandtschaft suchte.

Die Angst hätte mich in Milwaukee festhalten können. Es gab reichlich Gründe, nicht an eine Hochschule zu gehen: Das Geld war knapp, die Logistik schwierig. Außerdem fanden einige Leute meine Gründe, einen höheren Bildungsweg einzuschlagen, fragwürdig. Ich wollte keine höhere Schulbildung, um für einen vernünftigen Beruf wie zum Beispiel Krankenpflege zu lernen, sondern ich wollte um des Lernen willens lernen. Mich dürstete danach, eine Hochschule zu besuchen und zu lernen, und ich war entschlossen, einen Weg dorthin zu finden. Meine Mutter ging arbeiten, um mir auszuhelfen, aber ich brauchte mehr Geld. Dass ich während meiner Ausbildung zwei Halbtagsjobs würde machen müssen, störte mich nicht im Geringsten. Ich hatte schon früh gelernt zu tun, wovon ich wusste, dass es richtig war. Schon damals ließ ich mich von meinem Herzen leiten.

Wie jeder andere auch machte ich viele Fehler, aber eine der wichtigsten Lektionen meines Lebens war, dass ich mich nicht von Angst aufhalten ließ. Im Laufe der Jahre lernte ich, meine Ängste loszulassen und an diesen Erfahrungen zu wachsen, um Zugang zum Licht jenseits der Dunkelheit zu erlangen. Deswegen wollte ich, dass auch andere die Freiheit des Friedens erleben, die ich jetzt kenne. Auf den folgenden Seiten werde ich auch persönliche Geschichten erzählen, wie ich sie aus meinen Augen und meinem Herzen erlebte, um andere zu ermuntern, sich ihr Leben genauer anzuschauen und zu erkennen, dass Frieden möglich ist - egal, wo man gerade steht. Ihre Reise durch das Leben muss nicht qualvoll sein, und Ihr Denken muss nicht von Zweifeln beherrscht werden.

In meinen Workshops nenne ich immer viele Bedeutungen für die Buchstaben des Wortes FEAR (engl. "Angst"), zum Beispiel:

False Evidence Appearing Real
("scheinbar wahrer falscher Beweis")
Forget Everything And Run
("Vergiss alles und renn")
Finding Excuses And Reasons
("Ausreden und Gründe finden")
False Emotions Appearing Real
("scheinbar wahre falsche Gefühle")

Kommt Ihnen davon irgendetwas bekannt vor?

Menschen, die an Angst leiden, biete ich viele Heilmittel an; eines der wirkungsvollsten ist HOPE (engl. "Hoffnung"). Für die Buchstaben dieses Wortes gibt es sogar noch bessere Bedeutungen, zum Beispiel:

Healing Of People Everywhere
("Heilung von Menschen überall");
Health Options & Positive Energy
("Gesundheitsoptionen & positive Energie")
Hearing Other Peoples Experiences
("Erfahrungen anderer Menschen anhören")
Helping Out People Everyday
("Menschen täglich helfen")

Hört sich das nicht besser an? Dachte ich's mir doch.

James Thurber ist vor allem als Humorist bekannt, aber er sagte einmal: "Blickt nicht zurück in Zorn oder nach vorn in Angst, sondern blickt euch um mit Bewusstheit."

Lassen Sie uns gemeinsam zu dieser Bewusstheit gelangen und Frieden finden.

Lassen Sie uns gemeinsam *angstfrei leben!*

Mut ist nicht die Abwesenheit von Angst,
sondern die Erkenntnis, dass es etwas gibt,
was wichtiger ist als Angst.

— AMBROSE REDMOON

⸎

Kapitel 1

Phönix aus der Asche:
Überwinden Sie Ihre größten Ängste

Für die heutige Generation der Amerikaner und einen Großteil der Welt hat nichts so sehr die kollektive Angst geschürt wie die Terroranschläge vom 11. September 2001. Bis heute hängt der Schatten dieser Terroranschläge tief über vielen Menschen und hat sie fest im Griff. Die Terroristen haben *Terror,* also wortwörtlich *Angst und Schrecken* verbreitet. Die Ereignisse vom 11. September veranlassten die Regierung, das Ministerium für Heimatschutz zu gründen. Angst verbreitete sich also nicht nur privat unter den Menschen, sondern auch auf der nationalen Bühne. Seither wurden weltweit immer wieder Terroranschläge verübt.

Da meine Arbeit Menschen zu mehr Selbstbestimmung verhilft, war der 11. September eine riesige Herausforderung. Das Wort FEAR ("ANGST") als Abkürzung für *Forget Everything and Run* ("Vergiss alles und renn") erwies sich an jenem Tag nur als allzu wahr. Mein Telefon klingelte pausenlos. Viele Klienten riefen an, weil sie überzeugt waren, das Ende der Welt sei gekommen. Sie hatten Angst, was als Nächstes passieren würde; alle äußerten Furcht, was ihnen wohl noch an schrecklichen Ereignissen bevorstand.

Die Gespräche waren meist einseitig. Meine Rolle war die des Zuhörers. Ich habe gelernt: Wenn Menschen reden können, ohne unterbrochen zu werden, führen sie sich selbst dorthin, wohin sie gehen müssen. Zu Beginn fast jedes Gespräches redeten die Anrufer stets von den schrecklichen Ereignissen. Ich hörte Ängste, ob die Nation überleben würde und auf welchem Weg die Welt sich befand, aber im Laufe der Gespräche wurden diese allgemeinen Ängste dann immer persönlicher. Die Menschen blickten in ihr Inneres, einige sahen Handlungsbedarf. Sie erkannten, dass in ihrem Leben Dinge ausgesprochen und erledigt werden mussten. Die Katastrophe führte dazu, dass aus den Augen verlorene Freunde und Bekannte angerufen und persönliche Beziehungen erneuert wurden.

Den Glückreichen bescherte der 11. September ein Erwachen, das mit dem Phönix vergleichbar ist, dem mythologischen (oder vielleicht gar nicht so mythologischen!) Vogel, der von Feuer verzehrt wurde und aus der eigenen Asche wiederauferstand. Ein katastrophales Ereignis brachte die Menschen dazu, sich ihr eigenes Leben anzuschauen und zu erkennen, dass hier wichtige Arbeit zu erledigen war. Vergessene Lücken und vernachlässigte Prioritäten kamen plötzlich wieder an die Oberfläche.

Ich hörte meinen besorgten Klienten zu und erinnerte sie daran, bestimmte Übungen zu machen, zeigte aber auch den Gesamtzusammenhang auf. Wie Marie Curie sagte: "Man braucht nichts im Leben zu fürchten. Man muss nur alles verstehen." Ich half meinen Klienten, Sinn in etwas zu finden, was die meisten als sinnlose Tat betrachteten.

Vor allem wies ich darauf hin, dass das Geschehene Teil der göttlichen Ordnung war. Viele wollten das nicht hören, auch heute noch. Angesichts einer Katastrophe ist es schwer, irgendetwas Gutes an Tod und Vernichtung zu finden. Aber in unserem Leben kann der 11. September eine Metapher für Geld und Macht sein. Für viele von uns ist das Leben ein täglicher Kampf, bei dem wir die wirklich wichtigen Dinge vergessen. Beim Gedanken an den 11. September haben die meisten von uns den Zusammenbruch der riesigen Wolkenkratzer vor Augen. Aber die wahre Geschichte des 11. September beinhaltet mehr als nur Tod und Vernichtung. Es ist auch eine Geschichte über Liebe und Mitgefühl. In den Tagen, Wochen und Monaten nach der Verwüstung wurde das immer deutlicher.

Allerdings hätte ich nie damit gerechnet, persönlich vom 11. September betroffen zu sein. Nur zwei Tage vor der geplanten Ground-Zero-Zeremonie in New York hatte ich die Ahnung, dass irgendein göttlicher Plan im Gange war, von dem ich keinen blassen Schimmer hatte. Die Ground-Zero-Zeremonie sollte offiziell die Aufräum- und Rettungsarbeiten der gefallenen Zwillingstürme beenden. Ich wusste wenig über die geplanten Einzelheiten, so dass Sie sich vorstellen können, wie überrascht ich war, als ich das starke Gefühl bekam, an der Zeremonie teilnehmen zu müssen.

Zum ersten Mal spürte ich es auf meinem täglichen Spaziergang. Ich versuchte, es als Schnapsidee abzutun, aber es ließ sich einfach nicht abschütteln. Dann versuchte ich, den Ruf, den ich erhalten hatte, wegzulachen. Schon allein die Vorstellung, nach New York zu reisen, war ein Ding der Unmöglichkeit. Ich würde einen Überlandflug buchen und Termine absagen müssen. Es gab private Angelegenheiten, aufgrund derer ich diese Idee nicht ernst nehmen *wollte*, einschließlich einer kranken Katze, die meine Zuwendung brauchte, und beruflicher Verpflichtungen, aus denen jeder logisch denkende Mensch geschlossen hätte, dass die Reise nicht machbar war. Ich suchte nach tausend Gründen, um nicht zu fahren, aber der Gedanke blieb.

Es war mein ganz eigener *Feld-der-Träume*-Moment. Der von Kevin Costner gespielte Filmcharakter wollte sich nicht auf eine Reise wagen, die er nicht verstand, und auch ich zögerte. Aber da ich mein ganzes Erwachsenenleben lang meditiert hatte, wusste ich, dass ich meine eigene Methoden anwenden und herausfinden musste, was ich fühlte, bevor ich es rundweg ablehnte.

Nach dem Spaziergang suchte ich mein stilles Zimmer auf, um zur *Stillen Inneren Kraft* zu finden, eine Übung, die mich mit meiner *Inneren Intelligenz* verbindet. Mit Innerer Intelligenz meine ich den Ort in uns selbst, wo es keinen Zweifel gibt. Manche Leute beschreiben die Stille Innere Kraft gerne als Form der Intuition, andere sagen, dass ihr Herz spricht, wieder andere nennen sie ihre innere Stimme. Wenn Sie sich Ihren Geist als Ihr Ego vorstellen, betrachten Sie die Stille Innere Kraft als weitere Bewusstseinsebene; an diesem Ort erhalten Sie Zugang zu Gaben und Einsichten, die Ihnen sonst verwehrt bleiben. Zwischen *Kopf* und *Herz* besteht eine Trennung; manchmal ist das schon fast wie ein Bürgerkrieg. Bei den meisten Menschen ist der Kopf Herr über alle Entscheidungen; er hat gerne die Kontrolle und lässt uns an allem zweifeln, was über seinen Herrschaftsbereich hinausgeht. Unser Herz ist ein Ort jenseits des Physischen, wo unsere fünf Sinne von etwas Größerem übertroffen werden. Damals hoffte ich allerdings, dass mein Gefühl nur eine vorübergehende Laune war.

Viele Menschen sperren sich dagegen, auf etwas anderes zu hören als ihren Kopf. Wir lernen, unseren logischen Verstand zu benutzen; alles andere als die Vernunft wird meist herabgesetzt oder verspottet. Die Leute können viel leichter akzeptieren, *im Kopf* zu sein statt *im Herzen*. Die Stille Innere Kraft, das wusste ich, würde mich zu meinem Herzen und darüber hinaus führen.

Da ich diese Technik schon lange praktiziere, kann ich leicht zwischen meinem Ego und meiner Inneren Intelligenz unterscheiden. Jeder kann diese Verbindung durch die Stille Innere Kraft herstellen. Wie ich tausenden von Menschen gezeigt habe, sind auch Sie nur ein paar Schritte von diesem Ort entfernt. Und so unternahm ich am 28. Mai 2002 eine fünfzehnminütige Reise zu mir selbst, die mich schließlich tausende Kilometer weit weg führen sollte.

Ich entspannte mich in meinem stillen Zimmer und machte Atemübungen, bevor ich meine Aufmerksamkeit von meinem Kopf zu meinem Herzen lenkte. Dort angekommen hörte ich zu und fand den Weg zu einer Intelligenz, die zu mir sprach. Die Botschaft war unmissverständlich: Ich musste nach New York. Es gab keinen Zweifel. Die meisten von uns führen ein kopfgesteuertes Leben und haben ihr inneres Gleichgewicht verloren. Die Methode, um zur Stillen Inneren Kraft zu gelangen, schafft eine Verbindung zwischen Kopf und Herz und schenkt uns eine Perspektive, die uns im Alltag oft abhandenkommt. Wenn Sie sich mit Ihrem Herzen verbinden, verschwinden Zweifel. Menschen, die diese Methode nicht anwenden, kommen oft zu Ergebnissen, die sie ihrer "Intuition" oder einem "Gefühl" zuschreiben. Die Stille Innere Kraft ist jedoch mehr als Zufall, Intuition oder ein Bauchgefühl. Sie ist eine Verbindung, mit der Sie Zugang zu Ihrer Inneren Intelligenz erhalten und eine Weisheit entdecken, die unserem Geist oft verborgen bleibt.

Bei Angelegenheiten, in denen Sie sich nicht ganz sicher sind, nimmt die Stille Innere Kraft Ihren Entscheidungen die Unsicherheit. Wenn Sie Angst haben, verschafft sie Ihnen eine Perspektive, die Ihnen Frieden schenkt. Jeder, der nach Antworten über sich selbst oder Situationen sucht, wird von dieser Methode profitieren. Aber wundern Sie sich nicht, wenn Sie unerwartete Antworten erhalten. Ihr Herz weiß Dinge, von denen Ihr Geist nichts ahnt oder die Ihr Ego versucht zu vertuschen.

Da ich die Stille Innere Kraft schon unendlich oft eingesetzt hatte und sie die Richtschnur in meinem Leben war, konnte ich ohne den geringsten Zweifel aufbrechen. Allen, die Neulinge in dieser Methode sind, rate ich dringend, sie regelmäßig zu üben, denn je mehr Sie das tun, umso deutlicher spüren Sie, wenn Sie in Ihrem Kopf statt in Ihrem Herzen sind. Sie werden nicht immer die Antwort erhalten, die Sie sich wünschen, denn so arbeitet die Innere Intelligenz nicht, aber wenn sie zu Ihnen spricht, gibt es keinen Zweifel. An jenem schicksalhaften Tag im Mai suchte ich diesen inneren Quell auf und erhielt den unmissverständlichen Marschbefehl nach New York, um an den Ground-Zero-Zeremonien teilzunehmen. Was ich als Laune hatte abstempeln wollen, war jetzt etwas, das ich nicht mehr verleugnen konnte. Ich musste mich zu meinem Feld der Träume aufmachen, auch wenn ich nicht wusste, warum.

Als ich aus meinem Mietshaus trat, sah ich meine Nachbarin im Wellnessbereich sitzen. Fast ungläubig sagte ich zu ihr: "Übermorgen reise ich zur Ground-Zero-Zeremonie nach New York."

Meine Nachbarin fragte: "Warum?"

Ich antwortete vollkommen aufrichtig: "Weil ich muss."

 Pause

Innerhalb weniger Stunden traf ich zahllose Reisevorkehrungen. Da ich früher in den Medien gearbeitet hatte, konnte ich mich für das Pressekorps anmelden, das über die Abschlusszeremonien berichtete, was bedeutete, dass ich einige Orte würde besuchen können, die der Öffentlichkeit nicht zugänglich waren. Auch wenn ich nicht genau wusste, warum ich dorthin reiste, schien mir das wichtig zu sein. Ich hatte das dringende Bedürfnis, den Geschehnissen vom 11. September näherzukommen. Nach wenigen Stunden fühlte es sich an, als hätte ich Himmel und Erde in Bewegung gesetzt. Rückblickend frage ich mich, ob ich das nicht wirklich getan hatte. Weniger als einen Tag, nachdem ich den Ruf erhalten hatte, Ground Zero aufzusuchen, saß ich auch schon im Flieger nach New York.

Da alles in letzter Minute abgelaufen war, waren noch tausend Details zu erledigen. Im Hotel angekommen, erkundigte ich mich, ob das Bürgermeisteramt meine Akkreditierung gefaxt hatte. Pflichtgetreu wurden die Papiere hervorgeholt, und als der Mitarbeiter sah, dass ich an den Ground-Zero-Zeremonien teilnehmen würde, stufte er mein Zimmer sofort zur Suite hoch. Ich ahnte nicht, wie großzügig seine Geste war, bis ich die Vorhänge in dem traumhaften Zimmer zur Seite schob und direkt auf die Freiheitsstatue blickte. Nach irgendwelchen Omen oder einer tieferen Bedeutung musste ich gar nicht Ausschau halten; sie sahen mir direkt ins Gesicht.

So inspirierend die Aussicht war, verbrachte ich nur sehr wenig Zeit auf dem Zimmer. Ich zog meine getreuen Wanderschuhe an und wurde von Mitarbeitern des Roten Kreuzes direkt zu Ground Zero eskortiert. Ich wusste ja nicht, dass ich bis vier Uhr morgens in diesen Schuhen herumlaufen würde. Phileas Fogg reiste in achtzig Tagen um die Welt; ich brauchte nur zwei, aber die Welt kam zu mir. Auf dem Weg zu Ground Zero hatte ich mich ununterbrochen gefragt, warum ich hierhergerufen worden war. Die Antwort war klar, sobald ich da war: Rundherum blickte mich das Gesicht der Angst an. Die Welt hatte Tod und Zerstörung mit angesehen und sich gefürchtet. Aber ich sah den Phönix der Hoffnung, der aus der Asche stieg.

Wohin ich auch ging, begegnete ich Erinnerungen an die schrecklichen Ereignisse, und zu behaupten, die Geschehnisse seien keine Tragödie gewesen, wäre die schlimmste Form von Überoptimismus. Aber dennoch sah ich an diesem Ort der Verwüstung Hoffnung, die die Oberhand über die Angst gewann.

Die Gesamtzahl der Todesopfer durch die Zerstörung der Zwillingstürme wurde auf 2843 beziffert. 1102 Todesopfer wurden identifiziert. Die meisten konnten nicht geborgen werden; zu viele Leichen waren bei der Zerstörung der Gebäude einfach komplett verglüht. Am Ort eines grauenvollen Massentods wurde ich durch eine düstere Leichenhalle geführt und hörte Schilderungen, unter welchen Schwierigkeiten Körperteile aus 1,6 Millionen Tonnen Stahl und Beton geborgen worden waren. Es ist schwer vorstellbar, dass Inspiration aus einem solchen Ort aufsteigen konnte, aber so war es. Ich hörte, wie sich in einem Raum Menschen an den

Händen gehalten hatten, als sie starben; mir wurden Geschichten über Mut und Aufopferung erzählt, über den Triumph der menschlichen Seele. Und überall sah ich, wie die Toten offiziell und inoffiziell geehrt wurden. Trotz der Zahl der Todesopfer war dies kein Ort, an dem Angst und Tod triumphiert hatten; die Hoffnung war hier lebendig.

Ich war mitten in der Schlucht des Todes, beging den Ort, der die Welt in Angst versetzt hatte und nach wie vor Teil der täglichen Ängste vieler Menschen war. Ich konnte nicht umhin, an Psalm 23:4 zu denken: "Muss ich auch wandern in finstrer Schlucht, ich fürchte kein Unheil." Acht Monate und achtzehn Tage, nachdem es so ausgesehen hatte, als sei die Welt in die Knie gezwungen worden, sah ich den Phönix seine Schwingen ausbreiten.

Jeder Amerikaner weiß noch genau, wo er war, als ihn die Nachrichten über die Geschehnisse vom 11. September erreichten. Es ist eines dieser seltenen Ereignisse, die sich in die Psyche eines ganzen Landes eingraben. Wir alle fühlten den Schmerz. Viele Menschen wurden für immer von Narben gezeichnet. Und plötzlich wusste ich, dass es genau dieses bleibende Narbengewebe war, mit dem ich mich befassen musste.

An jenem Abend sprach ich mit zahlreichen Menschen, vom Leiter der New Yorker Polizei bis hin zu einem Aufseher, der emsig mit Aufräumarbeiten beschäftigt war. Ich konnte mit Mitarbeitern des Roten Kreuzes und Feuerwehrleuten sprechen, die vor Ort gewesen waren; jeder hatte eine Geschichte, und ich dürstete danach, jede zu hören.

Meine Aufgabe war es, aufmerksam zuzuhören und den Menschen meine Dankbarkeit auszusprechen, die während und nach der Tragödie hier gearbeitet hatten. Da ich von einem inneren Ort der Ruhe und Zufriedenheit aus mit ihnen sprach, meine ich, dass ich ihnen Trost spenden konnte. Wenn man selbst in Frieden ist, fühlen andere das und werden zuversichtlicher. Während ich mir ihre Geschichten anhörte, machte ich mir Notizen, äußerte selbst aber kaum etwas, außer dass ich ihre eigenen Worte wiederholte. Die Erleichterung in diesen Gesprächen war spürbar. Immer wieder sagten mir die Leute: "Das habe ich noch nie jemandem erzählt." Ein Mann sagte: "Meine Frau weiß nichts davon, weil ich nicht will, dass sie über so etwas nachdenken muss." Die Leute kamen auf mich zu und sagten: "Ich weiß nicht warum, aber ich habe einfach das Bedürfnis, mit Ihnen zu sprechen."

Wenn Sie Frieden bringen, findet er irgendwie einen Platz in den Herzen anderer. Denken Sie an die Zeile aus dem Gedicht *Der Giftbaum* von William Blake: "Meinem Freunde zürnte ich: Ich sprach es aus, mein Grimm, der wich."

Ein ganz besonderer Ort war eine Wand, auf der Worte der Anteilnahme und Ermutigung aus der ganzen Welt zu sehen waren. Es waren nicht so sehr Beileidsbekundungen, sondern Stimmen des Beistands. Ich war an einem Ort, der mit der Welt verbunden war; kein Vakuum der Verzweiflung, das Hoffnung in sich einsaugte, sondern ein Ort, der positive Energie ausstrahlte.

Den ganzen Abend lang hörte ich den unterschiedlichsten Menschen zu; New York ist das Gesicht der Welt. Skeptiker mögen die Augen verdrehen, aber an jenem Abend knüpfte ich mehr Seelenverbindungen, als ich mir je hätte vorstellen können. Als ich ins Hotel zurückkehrte, war ich erschöpft, wusste aber, dass ich keine Zeit hatte zu schlafen. Wegen all der Sicherheitsvorkehrungen musste die Presse schon um sechs Uhr morgens am Ground Zero erscheinen, was schon in zwei Stunden war. Dennoch fand ich, es wäre wohl besser, ein kurzes Nickerchen zu halten, und bestellte einen Weckruf. Als der Anruf kam, ging ich ans Telefon, war aber eigentlich gar nicht wach.

Das Nächste, woran ich mich erinnere, ist, dass ich um neun Uhr vormittags panisch aufwachte. Ein Blick auf die Uhr bestätigte meine Befürchtung. Die Zeremonie sollte um 10 Uhr 29 beginnen, der Zeitpunkt, an dem der Nordturm des World Trade Center zusammenstürzte. Aus detaillierten Anweisungen des Bürgermeisteramtes wusste ich, dass Verspätete nicht mehr eingelassen wurden. Das nahm mir allerdings nicht meine Entschlossenheit, irgendwie einen Weg hineinzufinden.

Ich weiß, dass sich das allzu simpel, vielleicht sogar albern anhört, *aber ich habe es in meinem Leben immer dorthin geschafft, wohin ich wollte, selbst wenn ich eigentlich nicht dort sein sollte – weil ich dort sein sollte.* Als ich am Ground Zero eintraf, trennten mich mehrere Sicherheitsabsperrungen und Kontrollen von meinem Ziel. Ich wedelte mit der Akkreditierung des Bürgermeisteramtes, bahnte mir entschlossenen Schrittes einen Weg und wurde von einem Sicherheitsposten zum nächsten durchgewinkt. Ich bin davon überzeugt, dass die Polizei in meinem Gesicht lesen konnte und mir meine Absichten ansah, und ich wusste, dass man mich nicht abweisen würde. Wahrscheinlich schadete es aber auch nicht, dass sie bereits seit Stunden in Alarmbereitschaft und mehr als nur ein bisschen müde waren.

Die Presse hatte das Privileg, auf einer Aussichtsplattform mit einer grandiosen Sicht auf das 6,5 Hektar große Areal zu stehen. Unter uns gähnte ein tiefer Hohlraum, sieben Stockwerke tief, das Grab des einst Gewesenen. Ich stand mitten in einer Gruppe Fotografen, alle schlachtbereit mit Teleobjektiven bewaffnet, ich nur mit meiner kleinen 35-Millimeter-Kamera. Rundherum hörte ich so viele Filmtransportgeräusche, dass ich mir teilweise vorkam wie in einer Konservenfabrik. Ab und zu betätigte ich meine kleine Kamera, aber die meiste Zeit sah ich einfach nur zu. Reporter gaben ihre Beobachtungen per Handy weiter und klapperten eifrig auf ihren Laptops. Einen oder zwei Anrufe tätigte ich auch in dem Versuch, offiziell auszusehen, aber ich schrieb nicht für die morgige Tageszeitung. Da ich so ein Glück mit meinem Standort gehabt hatte, rief ich ein paar besondere Menschen an und versuchte, die Zeichen und Wunder unter mir in Worte zu fassen. Ich persönlich sah hier den Aufstieg des Phönix. Hier stieg Hoffnung empor.

Um 10 Uhr 29, zu dem Zeitpunkt, als der zweite Turm fiel, ertönte eine Glocke. Wir hörten sie viermal fünf Schläge läuten: der 5-5-5-5-Tribut der New Yorker Feuerwehr für gefallene Feuerwehrleute. Als die Glocke läutete, herrschte absolute Stille.

Danach schritt eine Ehrengarde aus vierzehn Sargträgern (Feuerwehrleute, Polizisten und Rettungskräfte) eine Rampe hinauf; auf einer leeren Bahre trugen sie die amerikanische Flagge. Die Flagge symbolisierte die 1700 nie gefundenen Leichen und wurde zu einem Rettungswagen getragen. Dahinter folgte ein Korps aus Paukenschlägern, die die Prozession mit düsterem Takt untermalten. Hinter ihnen fuhr ein Sattelschlepper mit der letzten Trümmerladung der gefallenen Türme, einem achtundfünfzig Tonnen schweren Stahlträger, der mit einem schwarzen Tuch und einer amerikanischen Flagge behangen war. Entlang des Weges reihten sich Polizisten mit Schutzhelmen – so weit das Auge sehen konnte.

Zum Abschluss der Zeremonie spielten zwei Hornisten, die die Polizei und die Feuerwehr repräsentierten, den Zapfenstreich. Danach flogen fünf Helikopter über uns hinweg. Erst später erfuhr ich, dass sie die "Missing Man"-Formation flogen, mit einer Lücke, um die Gefallenen zu ehren. Während des Überflugs spielten Dudelsackpfeifer *America the Beautiful;* als sie geendet hatten, wurde die Stille durch Applaus unterbrochen. Ein reiterloses Pferd bildete den Abschluss der Prozession.

Erstaunlicherweise gab es keine Ansprachen. Vielleicht gab es keine dem Anlass entsprechenden Worte. Am ehesten hätte es noch Lincoln mit seiner Gettysburg Address getroffen, als er sagte: "Doch in einem höheren Sinne können wir diesen Boden nicht weihen – können wir ihn nicht segnen – können wir ihn nicht heiligen," denn wie er feststellte, hatten die Toten ihn bereits "weit mehr geweiht, als dass unsere schwachen Kräfte dem etwas hinzufügen oder etwas davon wegnehmen könnten."

Wir alle hatten das Gefühl, gesegnet worden zu sein, und als die Zeremonie zu Ende war, eilte niemand davon, obwohl es ein

Wochentag war. Die Anwesenden blieben, redeten, kamen zusammen und erinnerten sich. Ich begegnete Überlebenden der gefallenen Türme. Ein Mann war achtundvierzig Stockwerke hinuntergelaufen, und als er seine Erfahrung schilderte, war es fast so, als erlebte er jeden seiner Schritte für mich noch einmal neu.

Ich sprach mit einem Feuerwehrmann, der fünf seiner Brüder aus der Kompanie 343 verloren hatte. Auf seinem Arm prangte eine Tätowierung zur Erinnerung an die Gefallenen.

Überall wurden Geschichten voller Tapferkeit erzählt. Ein Mann, mit dem ich sprach, war nicht zur Arbeit gegangen, in der Hoffnung, er könnte bei den Bergungsarbeiten direkt nach dem Anschlag helfen. Gerade, als er von der Polizei abgewiesen wurde, erschien ein Arzt, der zu Ground Zero gefahren werden musste. Da der Mann einen Geländewagen mit Vierradantrieb hatte, brachte die Polizei eine rote Sirene auf seinem Dach an, und er wurde angewiesen, den Arzt in eine Szenerie zu fahren, die direkt aus Dantes *Inferno* zu stammen schien. Das Einzige, was noch fehlte, war ein Schild mit der Aufschrift: *Lasst, die ihr eintretet, alle Hoffnung fahren!* Einmal vor Ort, reihte der Mann sich in eine Eimerkette ein. Wie so viele andere wollte er einfach helfen.

Ich traf einen Leichenspürhund und sprach ausführlich mit seinem Hundeführer. Die beiden hatten die Anweisung erhalten, Tote inmitten des Schutts zu finden.

Wenn der Phönix des 11. September ein Gesicht hatte, dann das eines Feuerwehrmannes in schwerer Arbeitskleidung. Ich konnte sehen, dass sein Gesicht gerötet war und die Zeremonie ihn sehr berührt hatte, daher reichte ich ihm tröstend meine Hand. Der Feuerwehrmann umarmte mich und hielt mich schluchzend fest. Die Zeit stand für uns beide still, während er seine Tränen vergoss, dann sagte er zu mir: "Danke." In seiner Ausrüstung ging er davon, bereit, seinen Job weiterzumachen, bereit, wieder seine Pflicht zu tun.

Die Tränen waren erlösend für ihn gewesen, wie für uns alle.

 Pause

Es gab nur einen Ort, zu dem meine Akkreditierung mir keinen Zugang verschaffte: die St. Paul's Chapel. Die Kirche war nur einen Häuserblock von der Gedächtnisstätte entfernt, und Menschen aus der ganzen Welt staunten, dass die Bischofskirche aus dem 18. Jahrhundert den Zusammensturz der Türme praktisch ohne Schäden überlebt hatte; noch nicht einmal ein Fenster war zerbrochen.

Wegen ihrer Nähe zum World Trade Center wurde die Kirche als Zufluchtsort für Rettungs- und Bergungskräfte eingerichtet. In den Tagen nach den Anschlägen schliefen erschöpfte Polizisten und Feuerwehrleute auf den Kirchenbänken. Vom 11. September 2001 bis zum 30. Mai 2002 diente sie als Zufluchtsstätte für die am Unglücksort arbeitenden Menschen; in dieser Zeit wurden an die Arbeiter über eine halbe Million Mahlzeiten ausgeteilt. Die Kirche gewann über 5000 Freiwillige, darunter Masseure, Chiropraktiker, Berater und Verpflegungskräfte. Von Dr.-Scholl-Fußpolstern bis hin zu Kaffee wurde einfach alles großzügig verteilt.

Schon vor dem 11. September hatte St. Paul's eine außergewöhnliche Geschichte. Die Kirche war das älteste öffentliche Gebäude Manhattans und bereits ein Gotteshaus, bevor es offiziell die Vereinigten Staaten von Amerika gab. Am 30. April 1789 nahm der neu vereidigte Präsident George Washington am Gottesdienst in der Kirche teil.

Nach dem 11. September wurde St. Paul's weltweit als heilige Stätte der Liebe, des Mitgefühls und der Heilung bekannt. Sagenhafte 3000 Arbeiter pro Tag erfuhren dort Trost und Zuwendung. Die Kirche wurde außerdem zu einem Denkmal, tausende Geschenke und Andenken wurden dort hinterlassen. Schulkinder aus der ganzen Welt schickten Zeichnungen, und zahllose Menschen fühlten sich veranlasst, Blumen, Teddybären, Fotos und Erinnerungsstücke dort abzulegen.

Aus all diesen Gründen wollte ich mir unbedingt St. Paul's ansehen. Als überall nur Dunkelheit zu sein schien, hatte das Licht dieser sicheren Zufluchtsstätte der Welt Hoffnung gegeben. Zuversichtlich ging ich mit meinen Unterlagen aus dem Bürgermeisteramt auf den Eingang zu, erhielt aber die Auskunft, dass die Kirche für alle bis auf die Rettungs- und Aufräumkräfte geschlossen war.

Vom Kopf her konnte ich verstehen, warum das notwendig war. Anfangs hatten die Rettungskräfte einen Rückzugsort gebraucht, einen Zufluchtsort vor dem Schrecken, einen Ort, wo sie ungestört sein konnten. Auch die Aufräumkräfte hatten eine Zufluchtsstätte gebraucht. Noch immer bot die Kirche allen jenen Ruhe, die so viel für den 11. September gegeben hatten. Dennoch bedauerte ich es sehr, dass ich wieder gehen musste. Ich wollte diesen Ort erleben, der für so viele ein Symbol der Hoffnung gewesen war, ein Licht in der Dunkelheit, die um so viele herum herrschte. Auch hier hätte ich den Phönix sehen können, was mir ein großes Bedürfnis war.

Einen halben Block von der Kirche entfernt überkam mich plötzlich ein anderes Bedürfnis: der Ruf meiner Blase. Ich sah mich am Ground Zero um, aber mir wurde schmerzlich bewusst, dass die Planer vergessen hatten, genügend Toiletten aufzustellen. Da mein Bedürfnis aber inzwischen dringend war, wandte ich mich an eine Polizistin. "Entschuldigung", sagte ich, "ich müsste wirklich ganz dringend auf Toilette. Gibt es hier irgendwo eine Möglichkeit?"

Die Polizistin sah härter als hart aus. Aber angesichts meiner Notlage fühlte sie mit mir und bedeutete mir, ihr zu folgen. Zu meiner großen Überraschung führte sie mich den ganzen Weg zurück, den ich gerade gekommen war: zur St. Paul's Chapel. Am Eingang standen nach wie vor die Wachposten, die mir den Weg versperrt hatten. Als die Polizistin ihnen erklärte, dass wir hineingehen würden, um die Toilettenräume zu benutzen, versuchten sie wieder, mir den Eintritt zu verweigern, aber die Polizistin erwiderte: "Wir gehen zusammen."

Manch einer könnte eine volle Blase und Glück dafür verantwortlich machen, dass ich am Ende doch dort landete, wohin ich so gerne wollte, aber ich weiß, dass es viel mehr war als das.

Die Kirche strahlte Hoffnung und Ruhe aus. Überall waren Liebesbekundungen zu sehen: Karten, Flaggen, Bilder, Symbole und Geschenke. Ich ging durch einen heiligen Schrein. Ganz in der Nähe waren zwei riesige Türme vernichtet worden, aber hier herrschte ein Geist, der größer war als die gefallenen Gebäude.

Ich setzte mich und hielt Zwiesprache mit dem Göttlichen. Ich hatte die Schlucht des Todes besucht und das *Gesicht der Angst* gesehen. Die zwei Türme waren Monumente des Geldes und der Macht gewesen, aber all das war nichts im Vergleich zu Liebe und Mitgefühl.

Das Land war auf dem Weg der Heilung, das wusste ich, aber viele hielt die Angst noch immer gepackt wie ein heimtückischer Krebs. Sie nagte an vielen und färbte ihre Wahrnehmung. In ihrem Bunker war es unmöglich für sie, das Licht zu sehen.

Und für allzu viele ist das noch immer so. Jede Generation hat ihre Feuerproben. Vor dem 11. September 2001 gab es am 7. Dezember 1941 den Anschlag auf Pearl Harbor (laut Präsident Franklin Roosevelt ein "Tag der Schande") und davor, am 25. Oktober 1929, den Crash an der Wall Street und die darauffolgende Große Depression. "Dunkle Tage" gibt es genug. In jedem Kalender, in jedem Leben gibt es Prüfungen. Ein Leben ohne harte Zeiten gibt es nicht, aber Sie brauchen solchen Herausforderungen nicht mit Unsicherheit zu begegnen. Angst lähmt den Willen. Wenn Sie den Scheinwerfer auf Ihre Ängste richten, wenn Sie verstehen lernen, was Ihr Weg ist, dann wird diese Welt ein viel sichererer Ort für Sie sein.

Als die Finanzmärkte einbrachen, wurden sie wiederaufgebaut; als unser Land angegriffen und verstümmelt wurde, stand es wieder auf. Unser Land hatte schon viele dunkle Momente, aber immer fand das Licht einen Weg durch die Wolken. Sehen Sie sich den Phönix des 11. September an; sehen Sie sich an, wie wir wieder aus der Asche stiegen. Wenn Ihr Leben sich anfühlt, als würde es in Trümmern liegen, seien Sie zuversichtlich, dass Sie wieder aufstehen werden. Es liegt nicht in Ihrer Macht, Terroranschläge oder Finanzmärkte oder nationale Katastrophen zu kontrollieren, aber Sie haben sehr wohl die Kontrolle über Ihr eigenes Leben. Denken Sie an das Gelassenheitsgebet, und überlegen Sie, inwiefern diese Worte auf Ihre eigene Situation zutreffen: *"Gott gebe mir die Gelassenheit, Dinge hinzunehmen, die ich nicht ändern kann, den Mut, Dinge zu ändern, die ich ändern kann, und die Weisheit, das eine vom anderen zu unterscheiden."* Wenn Sie dieses Buch und seine Übungen für sich nutzen, werden Sie einen Weg zu dieser Weisheit finden.

Die stille innere Kraft

Finden Sie Ihre innere Stärke

1. Suchen Sie sich einen stillen, bequemen Ort, wo Sie mindestens zehn bis fünfzehn Minuten lang absolut ungestört sind.

2. Setzen Sie sich so hin, dass Ihre Wirbelsäule so gerade wie möglich ist. Aber bemühen Sie sich auch nicht um die perfekte Position. Entspannen Sie sich einfach und tun Sie Ihr Bestes. Wenn möglich, sitzen Sie aufrecht, da dies die ideale Position ist, um sich mit Ihrer Stillen Inneren Kraft zu verbinden.

3. Wenn Sie es sich bequem gemacht haben, atmen Sie ein paar Mal tief ein und aus. Wenn Sie entspannt und bereit sind, schließen Sie langsam die Augen. Sitzen Sie ein paar Minuten lang einfach da, atmen Sie in Frieden und lassen Sie Ruhe einkehren. Wenn Sie vollkommen entspannt sind, werden Sie sich Ihrer Atmung bewusst. Atmen Sie langsam durch die Nase ein und durch den Mund aus.

4. Lenken Sie mit jedem Atemzug Ihre ganze Aufmerksamkeit von Ihrem Kopf zu Ihrem Herzen. Fühlen Sie, wie sich die

Energie von Ihrem Kopf in Ihr Herz überträgt. Wenn es hilf-
reich ist, visualisieren Sie eine *Feder*, die durch die Luft fliegt.
So mühelos sollte es sich anfühlen. Beginnen Sie ganz in Ihr
Herz zu atmen. Wenn das für Sie angenehmer ist, legen Sie
eine Hand auf Ihr Herz, um zielgerichteter zu atmen.

5. Wenn Sie in Ihr Herz gehen, werden Sie sich des ständigen Ge-
dankenflusses in Ihnen bewusst. Dieses Geschwätz kann zuerst
überwältigend sein. Der menschliche Denkprozess ist wie eine
volle Autobahn mit Nonstop-Verkehr in beide Richtungen.
Ideen, Gedanken, Bemerkungen, Beobachtungen und Kommentare reisen in halsbrecherischem Tempo in uns und um
uns herum, was verwirrend sein kann, wenn man nicht daran
gewöhnt ist. Akzeptieren Sie das Geschwätz, beobachten Sie
es, aber lassen Sie sich nicht darauf ein. Finden Sie Ihren Platz
über dem Lärm und tun Sie Ihr Bestes, um einfach nur zuzuhören und zu beobachten.

6. Es ist nicht schwierig, sich mit dem Herzen zu verbinden, und
wenn es passiert, ist es ganz offensichtlich. Sie werden feststellen, dass das Geschwätz des Geistes verklingt, die Gedanken-
autobahn in den Hintergrund rückt und stattdessen ein Gefühl
des Friedens und der Freiheit einkehrt. Mit dieser Verbindung
geht ein Gefühl von Ruhe und Liebe einher.

7. Ihr Aufenthalt an diesem friedlichen Ort bewirkt eine stille
Revolution. Ihr Kopf ist nicht mehr der Gebieter über Ihr
Leben. Hier, in Ihrem Herzen, finden Sie Zugang zu einer In-
telligenz, die größer ist als das, was in Ihrem Kopf ist. An die-
sem klaren Ort können Sie Ihre Innere Intelligenz umarmen.
Ohne die Vorherrschaft Ihres Kopfes können Sie unbelastet
denken und, was genauso wichtig ist, deutlich hören. Stellen
Sie sich vor, dass Sie Scheuklappen ablegen und Ohrstöpsel

entfernen. Vielleicht zum ersten Mal in Ihrem Leben können Sie vollkommen ablenkungsfrei sehen und hören.

8. Da Sie jetzt in Ihrem Herzen sind, können Sie sich mit der Stimme Ihrer Inneren Intelligenz verbinden. Sie müssen nur zuhören. Diesem inneren Quell entspringt altes Wissen oder Intuition. Hier tritt eine Weisheit zutage, die größer ist als Ihre eigene, eine Weisheit, die in uns allen ist, aber meist ungenutzt bleibt. Diese Innere Intelligenz kennt Ihren Weg, und Sie hören die Botschaft der Stillen Inneren Kraft.

9. Wenn Sie bereit sind, öffnen Sie langsam wieder die Augen und bewegen Sie sich leicht hin und her. Während Sie sich wieder Ihrer Umgebung bewusst werden, werden Sie sich erfrischt, in Frieden und inspiriert fühlen, Ihrer Inneren Intelligenz zu folgen.

Zeit zu üben

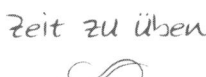

Fürchten Sie Misserfolg nicht so sehr, dass Sie sich
weigern, Neues auszuprobieren. Die traurigste
Zusammenfassung eines Lebens enthält drei Wörter:
könnte, hätte, sollte.

— LOUIS E. BOONE

Kapitel 2

∽

Ängste des Selbstzweifels:

Hauchen Sie dem ungläubigen
Thomas neues Leben ein

Ich liebe Skeptiker! Immer, wenn ich Vorträge halte, sehe ich
die Zweifel in der Körpersprache meines Publikums – Männer mit
verschränkten Armen, Frauen, die ihren Kopf hin und her bewegen
und unruhig auf ihrem Stuhl umherrutschen. Sie werfen mir arg-
wöhnische Blicke zu und murmeln leise Bemerkungen. Was ich
zu sagen habe, löst leichtes Unbehagen aus – zumindest als erste
Reaktion. Die Leute haben alle möglichen Barrieren gegen neue
Ideen errichtet. Ein paar Minuten später allerdings lösen sich dann
die verschränkten Arme, und die Blicke werden aufmerksam. Innerhalb kürzester Zeit werden die größten Zweifler zu den auf-
merksamsten Zuhörern.

Was ich ihnen zu sagen habe, klingt vielleicht erst einmal un-
gewöhnlich, aber es ist keine Zauberei. Wenn die Leute anfangen,

sich auf meine Methoden einzulassen, erleben sie die Veränderung in sich selbst. Sie haben mehr Energie, fühlen sich wohler mit sich selbst und sind offen für neue Möglichkeiten. Ich kann dabei zusehen, wie kleine Wunder geschehen.

Meine Zuhörer sind nicht anders als Sie. Sie machen sich Sorgen um ihre Gesundheit, und zwar aus gutem Grund. Stress macht sie unglücklich, einige haben Angst, dass er sie umbringt, und sie könnten sogar recht damit haben. Der Tag beginnt für viele mit einer Tasse Kaffee und endet mit einem hochprozentigen Drink. Der durchschnittliche Medizinschrank ist voller verschreibungspflichtiger Medikamente. *Hoher Blutdruck ist wie eine Seuche, und er ist nur eine von vielen stressbedingten Beschwerden.*

Aber so muss es nicht sein. Es gibt eine einfache, aber wirkungsvolle Lösung für viele, und zwar ohne irgendwelche Zaubertränke, Hightech-Schnickschnack, horrende Preise oder zehn jährige Therapie. Wenn Sie diese Methode praktizieren, brauchen Sie keine komplizierten Anleitungen und müssen auch nicht um die halbe Welt fliegen. Sie werden sehen, dass der Zeitaufwand minimal ist und der Erfolg außergewöhnlich. Ein Klient nach dem anderen berichtet mir von niedrigerem Blutdruck, geringerem Gewicht und besserer Gesundheit. Und das Beste ist: Die Problemlösung ist *kostenlos.*

Ja, ich weiß, dass es so etwas wie ein kostenloses Mittagessen nicht wirklich gibt. Ich weiß auch, dass bei Gratisangeboten der eigentliche Preis ziemlich hoch ist. Wie die meisten Leute wurde ich in dem Glauben erzogen: Wenn sich etwas zu gut anhört, um wahr zu sein, dann ist das auch so. Wo also ist der Haken? Wie können Sie Ihre Gesundheit und Ihr Wohlbefinden steigern, ohne ein Vermögen dafür auszugeben, Ihr erstgeborenes Kind dafür hergeben zu müssen und Unmengen von Zeit in einen ohnehin schon proppenvollen Kalender packen zu müssen?

Bevor ich Ihnen die Antwort gebe, müssen Sie mir einen Gefallen tun: Atmen Sie tief ein. Nein, noch tiefer. Saugen Sie den

Sauerstoff in sich ein. Und jetzt atmen Sie langsam aus. Fühlen Sie sich besser? Wenn ja, dann ist das schon mal ein guter Anfang.

Einige Leute sind enttäuscht, wenn man ihnen sagt, dass Atemübungen ihr Leben verbessern können. Vielleicht schwirrt ihnen die Predigt irgendeines rotgesichtigen Coaches im Kopf herum, der ihnen eingebläut hat: "Ohne Fleiß kein Preis!" Den meisten von uns wurde gesagt, dass wir für eine bessere Lebensqualität schwitzen, leiden und tief in die Tasche greifen müssen, so dass nur ein bisschen Atmen für bessere Lebensqualität schon fast wie Betrug anmutet, oder?

Wenn ich also mit dem Thema Atmung anfange, gibt es immer Leute, die von meiner Botschaft enttäuscht sind. Atmen sie nicht schon genug? Nun, es stimmt, dass der Durchschnittsmensch jeden Tag 23000-mal atmet. Aber es gibt Atmung, und es gibt Atmung. Sie können sich von Sahnetörtchen und Wodka ernähren, aber es ist unwahrscheinlich, dass diese Ernährungsweise Ihnen besonders guttut. Dasselbe gilt für Ihre Atmung; *wenn Sie den Lebensatem einatmen wollen, müssen Sie neue Atemmethoden praktizieren.*

Die Komödiantin Sophie Tucker pflegte ihrem Publikum zu sagen, der Schlüssel für ein langes Leben sei ganz einfach: "Alles, was Sie tun müssen, ist, weiter zu atmen." Miss Tucker (die 83 Jahre alt wurde) wusste nicht, wie recht sie hatte. Wenn wir atmen, versorgen wir unseren Körper mit Sauerstoff und geben überschüssiges Kohlendioxid ab. Nahrung, Wasser und Sauerstoff sind die unerlässliche Grundlage unserer Existenz. Unser Stoffwechsel braucht Sauerstoff, um zu arbeiten. Stellen Sie sich den Körper als Holz verbrennendes Feuer vor. Feuer braucht Sauerstoff, um weiter zu brennen, aber von zu viel geht es aus und zu wenig erhält es nicht am Leben.

Aber dennoch: Da Sie ja schon 23000-mal am Tag atmen, wozu brauchen Sie dann zu dem Thema noch Tipps von mir? Die Antwort ist einfach: Sie nutzen die Vorteile des Atmens nicht voll aus. Es ist wie beim Schwimmen im Gegensatz zum Planschen – beim

Planschen ertrinken Sie nicht, kommen aber auch nicht gerade gut voran. Effektives Amen kann einen planschenden Körper richtiggehend auf Hochtouren bringen.

Ein wichtiger Teil meiner Retreats besteht aus Atemübungen. Die Teilnehmer haben ganz unterschiedliche Gründe für ihr Kommen. Die meisten sind durch Empfehlungen von Freunden dabei. Einige wollen ihre "Batterien aufladen", andere mehr aus ihrem Leben machen. *Viele wissen gar nicht genau, warum sie dabei sind, sondern nur, dass sie es auf jeden Fall sollten.* Einige hat materieller Erfolg nicht glücklich gemacht. Sie wissen, dass das Leben mehr zu bieten hat, aber nicht, wie sie es erreichen sollen. Wieder andere kommen mit Gesundheitsproblemen, weil ihr Körper in irgendeiner Weise zusammengebrochen ist und sie einen Weg finden wollen, um wieder in Ordnung zu kommen. Ich habe festgestellt, dass alle Teilnehmer mit ihrer Alltagsmaske bei den Retreats ankommen und dabei ängstlich und aufgeregt zugleich sind.

Einer meiner Lieblingsorte für Workshops ist Sedona in Arizona, eine Kulisse, in der wir die positive Energie der Umgebung in uns aufnehmen und die einzigartige spektakuläre Szenerien und Farben bietet. Es ist ein spiritueller Ort, an dem die Menschen sich wohlfühlen. Ich tue mein Bestes, um der Gruppe den Frieden der Umgebung zu vermitteln, und es dauert nie lange, bis alle sich wohlfühlen und anfangen, ihre Masken abzulegen. Ich mache daraus eine lustige Erfahrung und sage zum Beispiel, nachdem ich ein Thema angeschnitten habe: "Okay, der mit der größten Schuhgröße spricht zuerst." Oder ich sage, ohne mich im Raum umzublicken: "Jetzt spricht bitte die mit dem knalligsten Lippenstift." Mit diesen Eisbrechern lernen die Leute sich und ihr Umfeld kennen. Wenn ich die Teilnehmer bitte, sich jeweils mit der Person zusammenzutun, die am weitesten von ihnen entfernt wohnt, erhält jeder eine kleine Lektion in Sachen Geografie.

Manchmal fallen die Masken allerdings nicht ganz so leicht. Tatsächlich klammern sich manche Leute daran fest, als ginge es

um ihr Leben. Auch Nina war so ein Mensch. Sie war Wirtschafts-
beraterin und hatte sich direkt beeilt, allen zu erzählen, mit wie
vielen Firmen aus der Fortune-500-Liste sie schon zusammengear-
beitet hatte. Während andere bequeme Kleidung trugen, war Ninas
Outfit von Kopf bis Fuß durchgestylt. Ihrer Stimme hörte man
an, dass sie aus dem Osten der USA kam, sie sprach gerne schnell
und ratterte ihre Sätze nur so herunter. Bei jeder günstigen Gele-
genheit brachte sie den Spruch: "Das hätte ich in einer New Yorker
Minute gemacht!" Schon bald nannten alle sie New-York-Nina.
Vom Beginn an war offensichtlich, dass Nina sich wünschte, sie
wäre anderswo. Der einzige Grund, warum sie hier war, sagte sie
allen, war, dass ihr Mann Peter gemeint hatte, die Erfahrung würde
ihr guttun. Sechs Monate zuvor hatte Peter an dem Workshop teilgenommen. (Nina sollte damals eigentlich auch mitkommen, hatte
aber abgesagt, weil ihr Job das ihr zufolge nicht zuließ.)

Auf meinen Retreats gibt es sehr wenige Regeln. Dazu gehört,
dass ich die Teilnehmer bitte, auf die Verhaltensweisen zu
verzichten, von denen sie hier eine Pause machen wollen. Ich
finde es nicht gerade sinnvoll, ein Retreat zu besuchen, wenn
man nicht einmal wenige Tage auf Handy, Laptop und Cocktail-
stunde verzichten kann. Aber fast als trüge sie einen Ehrenorden,
hatte New-York-Nina Wert darauf gelegt, ihr komplettes "Gepäck"
mitzunehmen. Ihre unmissverständliche Botschaft war, dass
niemand Nina sagen würde, was sie zu tun hatte.

Als ich die erste Atemübung vorstellte, schwang Ninas Kopf hin
und her wie ein Wackeldackel auf der Hutablage. Sie wollte nicht
glauben, dass man Nutzen aus einfachem Atmen ziehen kann, obwohl die Kehrtwendung ihres eigenen Mannes der beste Beweis
dafür war. Es war klar, dass das ein Teil des Problems war. Peter war
als anderer Mensch von dem Retreat nach Hause gekommen. Jeden
Tag machte er seine Atemübungen, wodurch sich sein Blutdruck
senkte und er an Gewicht abnahm. Peter trank jetzt nicht mehr an-
nähernd so viel; er sagte Nina, er habe nicht mehr das Bedürfnis.

Ganz offensichtlich ärgerte Nina sich über diese Veränderungen, weil sie merkte, dass sie ihr einen Spiegel vorhielten. Ob sie es wusste oder nicht, es gab auch Kontrollaspekte in der ganzen Sache. Ihr Mann hatte seinen neuen Weg ohne sie eingeschlagen. Es war klar, dass Nina unbewusst alles bemängeln wollte, was ich lehrte.

Als ich begann, über Atmung zu sprechen, gähnte Nina häufig. Aber statt mich davon abschrecken zu lassen, erklärte ich Nina, ihr Gähnen sei ein Zeichen dafür, dass ihr Körper Luft brauche, es aber dafür bessere Wege gebe als Gähnen. Mit der Brustatmung, erklärte ich, befördert man die Luft mit jedem Atemzug nur 500 Kubikzentimeter hinein und hinaus. Ich demonstrierte diese Art zu atmen und zeigte, dass man auf diese Weise nur flach atmen kann. Wenn Sie einmal darauf achten, werden Sie feststellen, dass die meisten Leute genauso atmen; der Brustkorb weitet sich leicht, die Schultern heben sich, während die Luft in die Lunge strömt.

Wenn Sie jedoch tief in Ihr Zwerchfell atmen, können Sie 4000 bis 5000 Kubikzentimeter Luft aufnehmen. Damit gelangt also die acht- bis zehnfache Sauerstoffmenge in Ihren Körper. Als Babys wissen wir instinktiv um den Nutzen dieser Form der Atmung. Babys atmen tief in ihr Zwerchfell. Ihr Brustkorb bewegt sich nicht; dafür hebt und senkt sich ihr Bauch. Sicher kennen Sie den Ausdruck: *Ich habe geschlafen wie ein Baby!* Es gibt einen Grund, warum Babys so gut schlafen. Ihre langsame, rhythmische Atmung führt sie an einen Ort des Friedens.

 Pause

Auch die schnelle Brustatmung hat ihren Platz. Sie sorgt für einen schnellen Sauerstoffschub und schenkt sofortige Energie. Allerdings muss diese Atmung ausgewogen sein. Wenn Sie so atmen, sagen Sie Ihrem Körper, dass Sie sich in einer stressigen Situation befinden – kein Wunder also, dass sich so viele Menschen komplett verspannt fühlen. Durch Brustatmung signalisieren sie ihrem

Körper, dass gleich irgendetwas passieren wird, und versetzen ihr Nervensystem in Alarmbereitschaft. Diese Form der Atmung ist dem Körper nicht förderlich. Stellen Sie sich vor, den ganzen Tag lang nur Alarmsirenen zu hören. Genau das tun die meisten von uns. Ständiger Stress schwächt uns, und die Brustatmung verschlimmert diesen Stresszustand noch.

Während Nina weiter gähnte und desinteressiert dreinschaute, erzählte ich der restlichen Gruppe die Geschichte des von mir so benannten *Äolischen Windes* (ich nenne ihn auch den *Atem der Götter*, weil Äolus der griechische Gott der vier Winde war). Die Wurzeln dieser Atemübung liegen in Indien, wo die Menschen schon seit Jahrtausenden Atemtechniken anwenden, um das Nervensystem wieder ins Gleichgewicht zu bringen und höhere Bewusstseinszustände zu erreichen. Oft wird diese Atmung zusammen mit Praktiken wie *Yoga* und *Meditation* eingesetzt.

"Da Äolus der Herr der Winde war", wandte ich mich an alle, "konnte er sanfte Brisen oder stürmische Hurrikane aussenden. Äolus wusste seinen Atem einzusetzen wie niemand sonst. Wenn ihr eure Atmung wie Äolus kontrolliert, dann seid auch ihr Herrscher der vier Winde. Wenn ihr wie ein Gott atmet, könnt ihr eure Gedanken erfassen wie nie zuvor.

Ich weiß, dass viele von euch sich vom Leben überfordert fühlen, ein Tag scheint schwieriger als der andere. Ihr habt Angst, es irgendwann nicht mehr zu schaffen. Ihr seid nicht mehr im Gleichgewicht. Wenn ihr den Äolischen Wind übt, gelangt ihr in eure Mitte. Ihr lernt euch selbst kennen – und noch mehr, das über euch selbst hinausgeht."

"Mich selbst kennenlernen?", sagte Nina. "Wenn ich mich selbst kennen würde, würde ich weglaufen."

Ich finde es immer wichtig, die Kursteilnehmer zu bestätigen, auch wenn ich nur ihre Worte wiederhole, daher lachte ich und sagte: "Manche Leute laufen wirklich weg. Kommen wir jetzt wieder zum Atem der Götter zurück."

Genau wie die Eskimos dutzende Wörter für verschiedene Arten von Schnee kennen (laut Etymologen bis zu 49), haben die Inder viele Wörter, um die Atmung und Atemübungen zu beschreiben. Bei einigen Methoden atmet man durch ein Nasenloch oder beide, bei anderen hält man den Atem an und zählt, bei wieder anderen sind bestimmte Atemmuster zu beachten. Der Äolische Wind ist eine tiefe Atmung, die in die entlegensten Gegenden des Körpers gelangt. Da das Gehirn dadurch wieder ins Gleichgewicht kommt, fühlen wir uns zentrierter und ruhiger.

"Es ist Zeit, es euch bequem zu machen", sagte ich. "Findet den ruhigen Ort in euch, wo es still und friedlich ist. Wenn ihr euch ruhiger fühlt, schließt die Augen, um nicht abgelenkt zu werden."

Als alles still war, sprach ich weiter: "Konzentriert euch auf euren Atem. Atmet ein paar Mal tief ein und aus. Keine Sorge, wenn ihr dabei den Bauch einzieht. Atmet einfach nur und konzentriert euch darauf. Erlaubt euren Gedanken, durch euch hindurchzufließen, und lenkt eure ganze Aufmerksamkeit in euer Inneres, während ihr weiteratmet."

Als Kind atmete ich meist durch den Mund. Menschen atmen oft so, wenn sie angespannt sind. Als ich mit Atemübungen anfing, fiel es mir wegen dieser tief verwurzelten Gewohnheit schwer, nur durch die Nase zu atmen. Im Raum hatten ein paar Leute dieselben Schwierigkeiten, und ich schilderte ihnen meine Erfahrungen.

"Wenn ihr diese Methode immer wieder übt", erklärte ich, "werdet ihr bald viel weiter atmen können und euch gleichzeitig entspannter fühlen. Und ehe ihr euch versehrt, werden Verspannungen der Vergangenheit angehören."

Obwohl ich diese Methode schon seit über 30 Jahren anwende, erstaunt mich das damit einhergehende Gefühl der Zufriedenheit immer wieder.

"Gut so", wandte ich mich wieder an alle. "Jetzt legt sanft die Zungenspitze an den Gaumen hinter den Schneidezähnen. Yogis würden euch sagen, dass ihr mit dieser Zungenposition die Atemenergie in euch haltet, statt sie hinauszulassen. Denkt daran, eure Zunge soll die ganze restliche Übung in dieser Position bleiben."

Ein Blick durch den Raum zeigte mir, dass alle ihre Zunge am richtigen Platz hatten – bis auf Nina. Sie gähnte laut, aber das Geräusch tat dem Frieden im Raum keinen Abbruch.

"Ihr macht das alle super", sagte ich. "Jetzt atmet mit geschlossenem Mund tief durch die Nase ein und zählt bis drei. Ich möchte, dass ihr tief in den Bauch atmet, bis fünf Zentimeter unter den Bauchnabel. Vielleicht meint ihr, ihr könnt die Luft nicht so weit hinunter bekommen, aber das geht. Wölbt den Bauch und bringt die Luft bis hinunter zum Zwerchfell."

Als alle meiner Bitte folgten, sagte ich: "Das ist es. Jetzt haltet sanft den Atem an, zählt bis fünf und lasst den ganzen Körper entspannt. Seid ihr entspannt? Wunderbar. Um den Atemzyklus jetzt zu weiten, atmet die gesamte Luft im Bauch komplett durch den Mund aus und zählt dabei bis sechs."

Um mich herum hörte ich die Leute ausatmen. "Okay", sagte ich, "zieht den Bauch ein, während ihr die ganze Luft aus eurer Lunge herauspresst. Drei, vier und noch mehr, noch mehr! Ihr werdet feststellen, dass ihr langsam ausatmen müsst, um bis sechs einen gleichmäßigen Atemfluss zu haben. Beim Ausatmen hört ihr durch die Position der Zunge ein Geräusch ähnlich wie rauschendes Wasser. Ihr müsst euch also keine Muschel ans Ohr halten, um das Meer zu hören. Ihr könnt euer eigenes Meer sein."

Die Teilnehmer meiner Retreats sagen mir immer, es fehlen eigentlich nur noch Eimer und Schaufel, denn wenn wir den Äolischen Wind üben, fühlt es sich oft an wie am Meer.

"Jetzt möchte ich, dass ihr diesen Zyklus noch drei Mal wiederholt", sagte ich.

"Denkt an Äolus und seine vier Winde. Gerade habt ihr den Nordwind freigesetzt. Jetzt ist es Zeit, mit dem Süd-, Ost- und Westwind zu segeln. Denkt daran, atmet bis drei durch die Nase ein, haltet bis fünf den Atem an und atmet bis sechs durch den Mund wieder aus."

Lungen weiteten sich und zogen sich zusammen. "Wenn ihr fertig seid", sagte ich, "genießt euren entspannten Seinszustand, der vom Atem der Götter kommt, und wenn es für euch dann angenehm ist, öffnet langsam die Augen und macht euch wieder mit eurer Umgebung vertraut."

Viele Menschen sagen mir, dass es nach dem Äolischen Wind fast so ist, als würden sie in eine andere Welt blicken. Ich konnte sehen, dass alle in der Gruppe erholt und erfrischt waren – bis auf Nina.

"Wie ihr sicher schon fühlt", sagte ich, "je mehr Sauerstoff ihr im Körper habt, umso besser fühlt ihr euch und seht ihr aus und umso leistungsfähiger seid ihr. Wenn ihr immer wieder zweimal vier Zyklen übt, einmal morgens und einmal abends, werdet ihr staunen. Ihr werdet diese Übung zu einem Teil eures Alltags machen wollen, zu einer guten Gewohnheit, wenn ihr so wollt, weil ihr den Nutzen vermissen werdet, wenn ihr nicht übt. Denkt daran, wenn ihr vertrauter mit der Methode seid und euren Atem weiten könnt, wollt ihr wahrscheinlich den Atemzyklus verlängern. Wenn ihr bis fünf atmet und bis acht den Atem anhaltet, werdet ihr bis zehn ausatmen wollen. Aber es ist wichtig, dass das Ausatmen doppelt so lang dauert wie das Einatmen. Manche von euch werden sich so erholt und frisch fühlen, dass ihr vier Zyklen zweimal täglich nicht genug findet und doppelt so viel wollt."

Wir setzten unseren Atemzyklus fort. Ich erklärte allen, dass sie bei täglicher Übung positive Veränderungen in ihrem Nervensystem bemerken und ein volleres, tieferes Atemmuster entwickeln würden.

"Mit der tiefen Bauchatmung setzt ihr das beste Werkzeug gegen Stress ein, das es gibt", erklärte ich. "Ihr werdet so ruhig sein, dass die Leute euch nicht mehr wiedererkennen werden. Vielleicht erkennt ihr euch sogar selbst nicht mehr wieder."

Einige lachten, aber die meisten fühlten das Körnchen Wahrheit in meinen Worten.

Nach den Veranstaltungen des Tages ruhte ich mich in meinem Hotelzimmer aus, als jemand an die Tür klopfte. Als ich öffnete, stand Nina mit ihrem Handy in der Tür. Sie beendete gerade ein Gespräch und gab mir ein Zeichen zu warten. Ich bemerkte, dass ihr Atem nach Wein roch.

Nina beendete ihren Anruf und sagte übergangslos: "Ich habe deine Atemübung ausprobiert. Sie funktioniert nicht."

Als ich nachhakte, wie sie die Atemübungen gemacht hatte, wurde schnell klar, dass sie eine gekürzte Version geübt hatte. Ich sagte ihr, ich würde morgen mit ihr persönlich die Schritte durchgehen, und wir vereinbarten für morgens ein Treffen.

Am Tag darauf trafen wir uns unter vier Augen. Nina hatte ihr Handy mitgebracht, und ich bat sie, es auszuschalten, damit wir ungestört reden konnten.

"Ich erwarte einen wichtigen Anruf", sagte Nina.

"Und wir haben ein wichtiges Gespräch", sagte ich.

Mit einem lauten Seufzer schaltete sie widerwillig ihr Handy aus. "Bevor wir anfangen", sagte ich, "wüsste ich gerne, ob du offen für Feedback bist."

"Natürlich bin ich offen für Feedback", sagte Nina.

"Okay, warum sperrst du dich dann so gegen meine Worte? Für mich sieht es aus, als hättest du vor irgendetwas Angst."

Zuerst mokierte sich Nina über die Vorstellung, sie könnte vor irgendetwas Angst haben, aber dann gab sie nach und öffnete sich. Nina gestand, sie habe *Angst*, Peter zu verlieren, und gab meinem "Hokuspokus" die Schuld dafür. Er mache jetzt seine Atemübungen und Meditationen, und sie habe anscheinend keinen Platz mehr in seinem Leben. Ich fragte sie, was sie damit meine, und Nina sprach von ihrem gemeinsamen Leben, wie es früher gewesen war und wie es jetzt war.

"Du sagst also, dass Peter jetzt besser schläft", sagte ich, "sein Stress weniger geworden ist, er weniger trinkt und bessere Laune hat."

Nina bejahte. Ich fragte sie, inwiefern daran irgendetwas schlecht sei, und Nina sagte: "Wir waren immer gemeinsam gestresst, tranken gemeinsam, jammerten gemeinsam und ärgerten uns gemeinsam."

"Peter war es leid", sagte ich, "ständig gestresst zu sein und sich zu ärgern. Er wusste, dass es Zeit war, das hinter sich zu lassen."

"Mich hat er direkt auch hinter sich gelassen!", sagte Nina.

"Peter hat mir die Ergebnisse seiner letzten ärztlichen Untersuchung geschickt", sagte ich. "Er sagte, dass sein Arzt positiv überrascht war über die Veränderungen. Sein Blutdruck war viel niedriger, die Blutproben waren wunderbar, der Cholesterinwert lag ein Drittel niedriger. Er hat sogar neun Kilo abgenommen. Was kann an dieser Veränderung schlecht sein?"

"Ich will mich nicht verändern", sagte sie.

Das also war ihre stumme Angst, die Angst vor Veränderung. Nina war eine Gefangene geworden, die sich nur in ihrem Käfig wohlfühlte. Sie zog vertrautes Elend den vorübergehenden Unannehmlichkeiten vor, die Veränderungen mit sich bringen können. Nina glaubte, dass sie, weil Peter etwas tat, um sein Leben zu verbessern, keinen Platz mehr darin hatte.

"Das ist deine Wahl", sagte ich. "Ich ändere niemanden. Nur du kannst entscheiden, ob du dich ändern willst."

"Peter hat sich geändert", sagte sie.

"Er hat diese Entscheidung allein getroffen. Ist er jetzt glücklicher?"

Nina antwortete nicht, aber wir wussten beide, dass es so war.

"Ich denke, wenn du die Atemübung versuchst", sagte ich, "und sie machst wie beschrieben, dann wirst du beginnen, die Dinge in einem anderen Licht zu sehen. Du wirst merken, dass du eine neue Perspektive bekommst."

Die New Yorker sind große Skeptiker. "Nur durch Atmung?", fragte die zweifelnde Nina.

"Versuch es", sagte ich.

"Ich trinke seit meinem 15. Lebensjahr", sagte sie. "Ich will damit nicht aufhören."

"Das ist deine Wahl."

"Dein esoterisches Gerede funktioniert bei mir nicht", sagte sie.

"Ich rede nur davon, dass du eine Atemübung ausprobierst", sagte ich. "Es ist deine Entscheidung, ob du sie nutzt oder nicht. Meine Aufgabe ist es, dir die Information zu geben; du allein musst entscheiden, was du damit anfangen willst."

Als ich sie so betrachtete, fragte ich mich, ob bei ihr wohl Hopfen und Malz verloren waren. Ihr Mann war zu mir gekommen, weil er um seine Gesundheit und sein Leben fürchtete; seine Frau machte sich um so etwas weniger Sorgen als um Veränderungen. Aber wie sich herausstellte, hatte Nina noch viel mehr Angst davor, dass ihre Ehe scheiterte.

Wir gingen die Übung gemeinsam durch. Zuerst sah Nina aus, als würde sie mit Lebertran zwangsernährt. Gegen Ende der Übung strahlte New-York-Ninas Gesicht ein bisschen, aber ich wusste, dass ich von ihr nicht erwarten konnte zuzugeben, dass ihr die Übung etwas gebracht hatte, und wurde auch nicht eines Besseren belehrt.

Als Nina sich von mir verabschiedete, sagte sie: "Ich finde immer noch, dass das alles kompletter Schwachsinn ist."

Tags darauf schien Nina der "Schwachsinn" ganz gut zu bekommen. Sie war viel weniger gereizt. Wieder einen Tag später gab es noch mehr Verbesserungen. Nina hatte sich dazu verstiegen, einen Trainingsanzug zu kaufen, und sah aus, als würde sie sich darin wohlfühlen. Ein Kaktus verliert seine Stacheln nicht über Nacht, und liebenswürdig war Nina immer noch nicht, aber insgesamt weniger stachelig. In ihrem Innersten war sie eine clevere Geschäftsfrau und durchaus in der Lage, Gutes zu erkennen, wenn es ihr über den Weg lief.

Monate später gestand sie, dass der Äolische Wind sie sowohl entspannte als auch produktiver in ihrer Arbeit machte. Statt sich zu verzetteln, konnte sie sich punktgenau konzentrieren, und da sie weniger angespannt war, merkte sie, dass sie besser mit anderen zusammenarbeiten konnte. Wie bei Peter hatte sich ihr Bedürfnis zu trinken abgeschwächt. Wenn man Sauerstoff getankt hat, will man den wunderbaren Effekt eben nicht ruinieren.

Was mich überraschte, war nicht Ninas Empfänglichkeit für die Atemübungen und ihren Nutzen, sondern dass sie zur größten Befürworterin meiner Retreats wurde. Wie so mancher ungläubige Thomas vor ihr war auch Nina am Ende konvertiert. Ich liebe Skeptiker!

Der äolische Wind

Atmen Sie neues Leben ein

1. Suchen Sie sich einen ruhigen Ort, wo Sie ungestört sind. Setzen Sie sich bequem hin und schließen Sie langsam die Augen, um Ablenkungen zu vermeiden.

2. Konzentrieren Sie sich auf Ihren Atem. Atmen Sie ein paar Mal tief ein und aus. Fühlen Sie, wie Ihr Bauch sich dabei hebt. Lassen Sie Ihre Gedanken ganz natürlich fließen, und lenken Sie Ihre Aufmerksamkeit dann wieder zu Ihrem Atem. Richten Sie Ihre Aufmerksamkeit nach innen.

3. Legen Sie die Zungenspitze sanft an den Gaumenrand direkt hinter den Schneidezähnen. Yogis glauben, dass man mit dieser Zungenposition die Atemenergie in sich hält. Ihre Zunge soll die ganze restliche Übung lang in dieser Position bleiben.

4. Führen Sie einen Atemzyklus wie folgt durch:
   a) Atmen Sie mit geschlossenem Mund vollständig ein und zählen Sie dabei bis drei. Atmen Sie tief in Ihren Bauch und

führen Sie den Atem fünf Zentimeter unter den Bauchnabel (ja, so weit hinunter!). Hierdurch wölbt sich Ihr Bauch, weil Sie tief in das Zwerchfell atmen.

b) Halten Sie jetzt sanft den Atem an, zählen Sie bis fünf und bleiben Sie mit dem ganzen Körper entspannt.

c) Der *Schlüssel,* um diesen Atemzyklus zu erweitern, liegt darin, Ihren gesamten Atem tief in Ihren Bauch auszuatmen und dabei bis sechs zu zählen. Ziehen Sie den Bauch ein, während Sie die gesamte Luft durch den Mund aus den Lungen pressen. Pfuschen verboten! Verlangsamen Sie das Ausatmen, um bis zur Sechs einen gleichmäßigen Luftstrom zu erzeugen. Beim Ausatmen werden Sie durch die Position Ihrer Zunge ein Geräusch wie rauschendes Wasser hören.

d) Wiederholen Sie den Zyklus dreimal. Atmen Sie bis drei durch die Nase ein, halten Sie den Atem bis fünf an und atmen Sie dann bis sechs durch den Mund aus.

e) Genießen Sie Ihren entspannten Seinszustand!

f) Wenn es für Sie angenehm ist, öffnen Sie langsam die Augen und machen Sie sich wieder mit Ihrer Umgebung vertraut.

5. Üben Sie regelmäßig zweimal täglich vier Zyklen.

6. Während Sie so Ihren Atem weiten, möchten Sie vielleicht den Atemzyklus verlängern. Dann können Sie zum Beispiel bis fünf einatmen, den Atem bis acht anhalten und dann bis zehn ausatmen. Auch hier ist zu beachten, dass das Ausatmen doppelt so lang sein muss wie das Einatmen.

7. Wenn Sie schon länger üben, möchten Sie Ihre Atemübung vielleicht auf zweimal vier Zyklen ausdehnen.

Wenn Sie gerade zum ersten Mal von dieser Methode lesen, ist es jetzt Zeit zu üben! Denken Sie daran, den Nutzen werden Sie nur haben, wenn Sie die Übung machen, daher nehmen Sie sich jetzt die Zeit und beginnen Sie. Machen Sie sich auf einen wunderbaren Vorher-nachher-Effekt gefasst.

Zeit zu üben

Sorge ist eine Form von Angst, und alle Formen von
Angst führen zu Müdigkeit. Jemand, der gelernt hat,
keine Angst zu empfinden, wird feststellen, dass die
Müdigkeit im Alltag stark nachlässt.

— BERTRAND RUSSELL

Kapitel 3

∽

Angst vor dem bösen Wolf:

Schnaufen Sie Ihre Ängste weg

Die häufigste Klage von Neulingen in meinen Workshops lautet:
"Ich bin so müde." Ich glaube, dass diese vier Wörter repräsentativ
für unsere schnelllebige, extrem gestresste Gesellschaft sind.

Es gibt mehrere Ursachen für diese Klage. Für manche Menschen scheint ein Tag nicht genug Stunden zu haben. Sie versuchen, einen Fünf-Kilo-Sack Kartoffeln in eine Zwei-Kilo-Tasche zu stopfen, und ihr Schlaf hat dabei das Nachsehen. Für diese Menschen kann man wenig tun außer sie an Thoreaus Worte zu erinnern: "Vereinfache, vereinfache."

Andere Menschen mögen Schlafenszeit eingeplant haben, können aber aus dem einen oder anderen Grund nicht einschlafen. Nicht nur die Ängste kleiner Kinder erwachen in der Dunkelheit. Kinder fürchten sich vielleicht vor Dingen, die in ihrem Schrank lauern, aber auch Erwachsene haben dort ihre Monster wohnen, auch wenn sie sich gewöhnlich als Finanzen oder Beziehungen oder Sorgen über die Richtung ihres Lebens verkleidet haben. Vielleicht sind Sie müde, weil Sie Opfer ständiger Sorgen sind und Ihre Ängste so schwer auf Ihnen lasten, dass sie Ihr Leben beherrschen.

Wenn wir schlafen gehen, wollen wir alle glauben, dass wir uns am nächsten Morgen besser fühlen, aber nur allzu oft ist das nicht der Fall. Manche Menschen können zwar schlafen, wachen aber trotzdem nicht erholt auf – egal, wie viele Stunden sie geschlummert haben.

Schlafmangel oder ein ständiges Müdigkeitsgefühl erzeugen einen Teufelskreis. Müdigkeit erschwert die Konzentration, und es ist schwierig, Dinge zu erledigen, wenn Sie müde sind. Wenn Sie nicht genug schlafen, leidet oft Ihre Kreativität darunter. Wir alle wissen, wie viel schwerer man sich fühlt, wenn man nicht geschlafen hat; Entscheidungen sind wesentlich schwieriger, jede Bewegung kommt uns vor wie eine lästige Pflicht. Nur allzu oft vervielfachen sich Ihre Probleme noch, wenn Sie einen unproduktiven Tag haben. Es ist so viel Arbeit zu tun, aber Sie sind müde. Und als ob das noch nicht schlimm genug wäre, kommen dann alle Ihre Sorgen hoch, wenn Sie versuchen zu schlafen. Schlaflose Nächte haben einen verstärkenden Effekt.

Viele Menschen versuchen, ihre Müdigkeit mit Anregungsmitteln zu bekämpfen, was das Problem allerdings oft noch verstärkt. Andere kommen ohne ihren Zuckerschub nicht durch den Tag. Vielleicht kombinieren Sie Zucker mit Koffein. Am Arbeitsplatz herrscht kein Mangel an Kaffee, Cola und sogenannten Energiedrinks. Zu nachtschlafender Zeit bereuen Sie vielleicht den dritten Mokka Grande am Nachmittag, aber zu dem Zeitpunkt hatten Sie das Gefühl, ihn einfach zu brauchen. Wenn Sie sich fühlen, als stehe Ihre Tankanzeige ständig auf E, dann sind Sie damit nicht allein.

E. Joseph Cossman schrieb einmal: "Die beste Brücke zwischen Verzweiflung und Hoffnung ist, sich richtig auszuschlafen." Es ist erstaunlich, wie unterschiedlich die eigene Wahrnehmung sein kann, je nachdem ob man gut oder schlecht geschlafen hat. Wenn das Gehirn ausgeglichen ist, sind Denken und Schlafen viel einfacher. Mit dem Äolischen Wind (Kapitel 2) finden die meisten Menschen diese Ausgeglichenheit wieder, und viele berichten, dass ihr Schlaf sich sehr verbessert, wenn sie die Methode regelmäßig üben.

Mahatma Gandhis Rat an Menschen, die erholsam schlafen wollen, lautete: "Vergesst euren Ärger, bevor ihr euch schlafen legt." W. C. Fields sagte mit ironischem Unterton: "Das beste Heilmittel gegen Schlaflosigkeit ist es, viel Schlaf zu bekommen." Wenn Schäfchenzählen allerdings nicht funktioniert und Sie die Vorstellung abschreckend finden, aufzustehen und den Äolischen Wind zu üben, gibt es noch eine Atemübung, die ich den *Hirten* nenne (zum Einfangen der bockigen Schafe!) und die Sie vom sicheren Bett aus machen können.

Statt irgendeiner komplizierten Atmung (die vielleicht sogar noch zu Ihrer Ruhe- und Schlaflosigkeit beiträgt) brauchen Sie nichts weiter zu tun, als Ihr Atemmuster zu "belauschen". Stellen Sie sich Sie selbst als unbeteiligten Dritten vor, der alles an Ihrer Atmung überwacht: Regelmäßigkeit, Geräusche, Muster. Die meisten Menschen stellen dabei fest, dass ihre Gedanken hin und her driften. Wenn das passiert, lassen Sie Ihre Gedanken los. Gestatten Sie sich die Freiheit, nicht bei ihnen zu verweilen. Ihre ganze sanfte Aufmerksamkeit sollte bei Ihrem Atem liegen. Atmen Sie gleich lang ein und aus. Wenn Ihr Bauch sich nicht bewegt, atmen Sie nicht tief genug. Legen Sie eine Hand auf Ihren Bauch, um sicherzugehen, dass Sie richtig einatmen.

Manche Menschen finden es einfacher, ihre Atmung zu überwachen, wenn sie eine Hand auf dem Bauch liegen lassen. Atmen Sie tief weiter, und während Ihre Hand sich auf und ab bewegt, bleiben Sie auf das Einatmen durch die Nase und das Ausatmen durch den Mund konzentriert. Einige können durch diese Atemregulierung einschlafen. Andere brauchen die Struktur eines Countdowns. Beginnen Sie mit der Zahl Dreißig und holen Sie tief Luft.

Ihre Gedanken sollen nur bei der Zahl und beim Einatmen sein. Atmen Sie langsam und tief. Zählen Sie weiter den Countdown herunter, und konzentrieren Sie sich dabei auf die Zahl und Ihr Atemmuster. Wenn Ihr Geist abschweift, lenken Sie seine Aufmerksamkeit wieder sanft zurück zu Ihrem Atem und der Zahl. Dann konzentrieren Sie sich auf Ihr Ausatmen und die Zahl. Die meisten erreichen nie die Null, weil sie schon vorher eingeschlafen sind. Falls Sie immer noch wach sind, beginnen Sie den Zyklus von neuem.

Sie werden feststellen: Wenn Sie wie ein Hirte über Ihre Atmung wachen, kommt der Schlaf. *Aber beim Einschlafen hört der Nutzen dieser Übung noch nicht auf; mit diesem Atemmuster ist Ihr Schlaf tiefer, und Sie wachen wesentlich erholter auf als sonst.* Thomas Dekker schrieb: "Der Schlaf ist die goldene Kette, die Gesundheit und Körper zusammenhält."

Dekker hatte recht. Wenn diese goldene Kette reißt, verschlimmern sich Ängste und Mücken werden zu Elefanten. Krankheit macht alles noch schlimmer. Dann beginnen vernunftbegabte menschliche Wesen paranoid und besessen zu agieren wie Humphrey Bogart im Film *Der Schatz der Sierra Madre.* Zweifel wandeln sich in düstere Realität, Schwierigkeiten werden zu Unmöglichkeiten und die Berührung der Angst wird zum eisernen Griff.

Angst kommt in vielen Formen daher. Denken Sie nur daran, wie wir zum Beispiel auf Bedrohung reagieren: Wir atmen schnell und flach, Flucht oder Fluchtinstinkte rücken in den Vordergrund. Durch Atemregulierung können wir unsere Ängste oft loslassen. Wir sind Gefangene unserer Angst; mit der richtigen Atmung aber kehrt unser Freiheitsempfinden zurück, und wir verbinden uns wieder mit dem natürlichen Energiefluss, der verborgene Wunden der Angst heilt. Wenn Sie heute noch mit diesen Atemübungen beginnen, werden Sie staunen, wie die Ketten der Angst reißen.

Pause

Es mag widersprüchlich klingen, aber genauso, wie richtige Atmung Sie in Schlaf versetzen kann, kann eine andere Form der Atmung Ihnen neue Energie schenken. Am ersten Tag eines neuen Workshops verkünde ich immer: "Okay, es ist Zeit für eine Pause!"

Wenn die Leute beginnen, aus dem Raum zu strömen, frage ich sie: "Wohin geht ihr denn alle?"

"Du hast doch gerade gesagt, es ist Zeit für eine Kaffeepause", sagt dann immer irgendjemand (besonders Personen mit Koffeinentzug).

"Ich sagte, es ist Zeit für eine Pause!", sagte ich. "Das heißt nicht, dass ihr irgendwohin gehen müsst. Es ist Zeit für den *Booster!*"

Der Booster ist wunderbar, um dem Nervensystem neue Energie zu schenken und einen klaren Kopf zu bekommen. Wenn Sie klar denken wollen, vernünftige Entscheidungen treffen wollen und sich einen Energieschub wünschen, ist der Booster genau richtig. Warum Geld für einen Milchkaffee ausgeben, wenn der Booster Ihnen genauso viel Schwung gibt – und das auch noch ganz ohne Koffein oder Zucker?

Ich bin es gewöhnt, dass meine Klienten mir das nicht glauben. Jahrelang haben sie ihren Arbeitstag um Kaffee herumstrukturiert (oft noch mit einer Apfeltasche oder einem Doughnut dazu) und sind zu der Überzeugung gekommen, dass diese Dinge absolut notwendig sind, um Tiefs zu überwinden. Sich ab und zu mal etwas zu gönnen, ist ja nichts Schlimmes, aber zu oft hat dieses tägliche Muster unerwünschte Folgen. Der Kampf gegen überflüssige Pfunde bringt ein ganz eigenes Heer aus Ängsten mit sich, und Koffein macht viele Menschen nervös und reizbar. Mit dem Booster haben Sie nur noch eine Sorge, nämlich wie Sie all die neu entdeckte Energie nutzen sollen! "In Ordnung", sage ich dann, "wir heben jetzt gemeinsam mit dem Booster ab. Setzt euch alle hin und macht es euch bequem. Genau wie beim Atem der Götter möchte ich, dass ihr die Zunge an den Gaumen legt. Aber diesmal sollt ihr durch die Nase atmen. Ich möchte, dass euer Mund die ganze Übung lang geschlossen bleibt."

Ich blicke mich immer im Raum um, um sicherzugehen, dass meine Anweisungen befolgt wurden, woraufhin ich dann meist noch scherzhaft hinzufüge: "Sehr gut, jetzt kann mir keiner widersprechen!" Was meine Klasse allerdings nie davon abhält, Geräusche von sich zu geben!

"Okay", sage ich, "jetzt möchte ich, dass ihr schnell atmet. Schnauft dreimal eine Sekunde lang mit geschlossenem Mund durch die Nase. Denkt daran, euer Mund bleibt die ganze Zeit geschlossen. Das heißt, ich möchte, dass ihr sehr schnell ein- und ausatmet. Versucht dabei, gleich lang ein- und auszuatmen. Dass ihr den Booster macht, seht ihr an der Bewegung eures Bauches. Er sollte sich sehr schnell vor- und zurückbewegen."

Einige Leute höre ich üben. Für mich klingt das immer wie startbereite Motoren.

"Denkt daran", sage ich, "dass euer Körper entspannt sein soll, wenn ihr die Übung macht. Das hier ist Sprintatmung, aber seid entspannt dabei. Okay, wir starten. Ich möchte, dass ihr das jetzt zehn bis fünfzehn Sekunden lang macht."

Der Raum ist erfüllt von schnellen Atemgeräuschen. Nachdem wieder Stille eingekehrt ist, sage ich: "Merkt ihr dieses Gefühl in eurer Nackenmuskulatur? Das bedeutet, dass ihr den Booster richtig gemacht habt. Jetzt möchte ich, dass ihr euch ein bisschen ausruht und sitzen bleibt. Wundert euch nicht, wenn euch schwindlig ist. Ihr habt gerade ein Aerobic-Workout mit der Nase gemacht.

Jetzt, wo eure Atmung wieder normal wird, fühlt sich das nicht super an? Kein Koffein oder Zucker kann euch diesen Rausch geben. Ihr habt euer Hirn durchgepustet! Ihr werdet euch jetzt circa eine Stunde lang ausgeglichen fühlen, einen klaren Kopf haben und energiegeladen sein. Wenn ihr vertrauter mit dem Booster seid, könnt ihr die Atmung allmählich bis zu einer

Minute verlängern. Aber Achtung, man kann es auch übertreiben. Mehr als eine Minute ist nicht erlaubt, weil das den Nutzen schmälert und dazu führen kann, dass ihr hyperventiliert oder sogar halluziniert! Statt länger als eine Minute zu üben, konzentriert euch lieber darauf, die Methode regelmäßig anzuwenden, damit ihr den größten Nutzen davon habt."

In meinem Leben habe ich festgestellt, dass ich durch den Booster keinen Wunsch mehr nach Koffein oder Zucker habe. Wenn ich die Atemübung eine Minute lang mache, kann ich mich konzentriert wieder meiner Aufgabe zuwenden. Durch die Sauerstoffaufnahme habe ich auch weniger Lust auf Snacks, weil ich mich satt fühle.

Noch ein großer Nutzen des Boosters liegt darin, dass er wärmt wie nichts anderes. Wenn Sie mir nicht glauben, probieren Sie es mal an einem kalten Wintertag aus. Nach fünfzehn Sekunden mit dem Booster werden Sie sich nur noch aus Ihrem schweren Mantel und weiteren Kleidungsstücken schälen wollen.

Anfangs werden Sie sich mit dieser Methode vielleicht ein bisschen unwohl oder albern vorkommen. Das ist eine normale Reaktion. Mein Klient Greg schämte sich fast zu sehr, um weiterzumachen. "Ich fühle mich einfach blöd dabei", sagte er, "und wenn ich dir dabei zusehe, sieht das echt albern aus. Ich will nichts machen, wobei ich lächerlich aussehe."

Ich respektierte Gregs Gefühle, bei unseren Terminen ließen wir den Booster immer weg. Eines Tages überraschte er mich mit der Bitte, den Booster doch noch einmal auszuprobieren. Diesmal war es Liebe auf den ersten Atemzug. Schon bald gab Greg seine täglichen Triple Espressos zugunsten des Boosters auf. Heute möchte Greg unsere Termine immer mit dem Booster beginnen. Jeder, der sich bei dieser Übung albern vorkommt, braucht nur an Gregs Erfahrung zu denken.

Der Hirte

Finden Sie tiefen Schlaf

1. Der Hirte ist eine Atemübung, die den Schlaf fördert. Beginnen Sie, indem Sie Ihren Atem beobachten. Hören Sie seinen Geräuschen und Mustern zu.

2. Atmen Sie durch die Nase ein und durch den Mund aus. Vergewissern Sie sich, dass Ihr Bauch sich dabei langsam hebt und senkt. Falls nicht, atmen Sie nicht tief genug.

3. Zur Kontrolle können Sie eine Hand auf Ihren Bauch legen. Bleiben Sie auf Ihren Atem konzentriert.

4. Manche zählen auch gerne einen Countdown. Beginnen Sie bei dreißig. Atmen Sie tief durch die Nase ein. Halten Sie Ihren Geist auf die Zahl und Ihr Atemmuster gerichtet. Atmen Sie dann durch den Mund wieder aus.

5. Setzen Sie den Countdown fort. Atmen Sie langsam und tief. Achten Sie darauf, wenn Ihr Geist abschweift, und lenken Sie Ihre Aufmerksamkeit dann zurück zu Ihrem Atem und der Zahl.

6. Dieses tiefe Atemmuster bringt Ihnen einen direkten Nutzen. Auch wenn Sie nicht sofort einschlafen, werden Sie merken, dass Sie entspannter sind. Ihr Körper profitiert von der intensiven Sauerstoffzufuhr und wird erholt aufwachen.

Zeit zu üben

Der Booster

Neue Energie für den Körper, Klarheit für den Geist

1. Sitzen Sie still und bequem mit geradem Rücken und der Zungenspitze am Gaumen.

2. Ihr Mund soll während der gesamten Übung geschlossen bleiben. Atmen Sie vollständig durch die Nase.

3. Atmen Sie sehr schnell ein und aus, drei Zyklen pro Sekunde. Das Ein- und Ausatmen sollte gleich schnell sein. Beobachten Sie die Bewegung Ihres Bauches. Er sollte sich sehr schnell heben und senken.

4. Während der restliche Körper entspannt bleibt, atmen Sie schnell zehn bis fünfzehn Sekunden lang. Die meisten Menschen spüren dabei Nackenmuskeln, von deren Existenz sie bis dahin noch nichts wussten.

5. Wenn Sie damit fertig sind, ruhen Sie sich aus und atmen Sie normal. Wiederholen Sie den Prozess noch einmal.

6. Wundern Sie sich nicht, wenn Ihnen schwindlig ist. Während Ihr Körper sich reguliert, bekommen Sie einen klaren Kopf und mehr Energie.

7. Wenn Sie vertrauter mit der Methode sind, können Sie die Atemübung auf maximal eine Minute verlängern. Obwohl Sie die Methode immer anwenden können, wenn Sie einen Booster brauchen, hilft Ihnen das Üben einmal morgens und einmal abends, ein gesundes Atemmuster zu entwickeln und sich von Ihren Ängsten zu befreien.

Zeit zu üben

Angst wächst in der Dunkelheit; wenn Sie glauben,
dass ein Gespenst umgeht, machen Sie das Licht an.

— DOROTHY THOMPSON

Kapitel 4

Nicht der, der ich sein sollte:
Angst davor, niemals Ihr Potenzial
zu verwirklichen

Harry Houdini galt als einer der größten Entfesselungskünstler
aller Zeiten. Oft wurde er in einer Zwangsjacke oder in Ketten an
hohen Gebäuden aufgehängt. Manchmal forderte der Zauber-
künstler auch Freiwillige auf, ihn so fest sie konnten mit einem
Seil zu fesseln; aber egal, wie er gefesselt wurde oder wie kreativ
der Knoten war, Houdini fand immer einen Weg in die Freiheit.

Viele von uns sind gefesselt und haben noch nicht herausgefun-
den, wie sie es Houdini gleichtun und sich befreien können. Auch
wenn sie ihre Fesseln selbst gar nicht sehen können, kommen viele
Menschen zu mir, weil sie so fest eingewickelt sind wie eine Mumie,
aber nicht wissen, wie sie sich von den engen Schlingen befreien
sollen (mit denen sie sich oft selbst gefesselt haben). Sie wollen vor-
wärtskommen, werden aber gleichzeitig irgendwie zurückgehalten.
Wenn Ihnen diese Hemmnisse bekannt vorkommen, sollten Sie
wissen, dass es Wege gibt, um diesen Gordischen Knoten zu lösen.

Die mythologische Geschichte des Gordischen Knotens wird seit tausenden von Jahren erzählt. Einst herrschte Bürgerkrieg im Land Phrygien (im westlichen Zentral-Kleinasien). Der Hohe Rat von Phrygien befragte ein Orakel, das prophezeite, ein Mann in einem Wagen würde kommen, König werden und den Bürgerkrieg beenden. Noch während das Orakel sprach, fuhr ein Mann namens Gordios in einem Ochsenkarren vor. Obwohl ein armer Mann, wurde Gordios zum König gekrönt.

Gordios zeigte seinen Dank, indem er seinen Wagen inmitten der Akropolis Zeus weihte. Er band den Wagen mit einem komplizierten Knoten fest, und keiner konnte darin einen Anfang oder ein Ende entdecken. Der berühmte Wagen und der Knoten, der ihn festband, wurden zu einem Schrein. Gordios' Thronnachfolger wurde sein Sohn Midas (der mit seiner Berührung alles in Gold verwandelte), und die Legende vom Gordischen Knoten entstand. Viele Menschen besuchten den Schrein und suchten nach einem Weg, um den Knoten zu lösen, aber niemandem gelang es. Einige glaubten, der Knoten würde niemals aufgehen, aber ein Orakel prophezeite, dass derjenige, der es schaffen würde, den Knoten zu lösen, die Welt regieren würde.

Die Geschichte des Gordischen Knotens kam einem sehr ehrgeizigen Mann zu Ohren. Der Krieger machte sich auf zur Akropolis von Phrygien und versuchte genau wie alle anderen vor ihm, einen Weg zu finden, um den Knoten zu lösen. Statt sich von den unerbittlich verknoteten Seilen mattsetzen zu lassen, zog der Mann sein Schwert und hieb den Knoten entzwei. Alexander der Große hatte einen Weg gefunden, auf den niemand sonst gekommen war, und wenig später eroberte er die Welt. Wenn heute davon die Rede ist, "den Gordischen Knoten zu lösen", ist damit die mutige Überwindung eines schwierigen Problems gemeint.

Es heißt, dass Alexander darum weinte, dass es nicht noch mehr Welten zu erobern gab. Er ist auch berühmt für seine Aussage, sein Sieg über den Gordischen Knoten sei die entscheidendste

Schlacht seines Leben gewesen. Auch für Sie könnte es die entscheidendste Schlacht Ihres Lebens werden.

Haben Sie visualisiert, ein besserer Mensch zu sein, aber es ist Ihnen nicht gelungen? Meiner Erfahrung nach müssen viele Menschen erst ihre Gordischen Knoten lösen, bevor sie eine neue Existenzebene erreichen können.

Wenn ich in Kursen oder Retreats die folgende Methode lehre, erkläre ich zunächst den Zweck und bitte um einen Freiwilligen. Diese Person lasse ich dann auf einem Stuhl direkt mir gegenüber Platz nehmen, so dass unsere Köpfe etwa einen Meter voneinander entfernt sind.

"Du musst deine Wirbelsäule gerade halten", erkläre ich dem Freiwilligen, "und immer versuchen, den Blickkontakt mit mir zu halten. Außerdem darfst du deine Beine nicht übereinanderlegen, deine Arme nicht verschränken und nicht wegschauen."

Ohne den Blick von meinem Partner abzuwenden, erkläre ich dann der Gruppe, wie die Übung am besten durchgeführt wird. "Wenn wir beginnen, unsere Gordischen Knoten zu lösen", sage ich, "wird jede Interaktion anfangs zehn Minuten dauern. Wahrscheinlich werden sie euch zuerst wie die längsten zehn Minuten eures Lebens vorkommen. Mit der Zeit verlängern wir dann auf zwanzig Minuten."

Außer dem Stuhl brauchen wir nur noch zwei Dinge. Wenn wir unsere Ketten lösen wollen, müssen wir oft einen emotionalen Tribut zollen. Um an Ihren Gordischen Knoten zu arbeiten, brauchen Sie ein Kissen auf Ihrem Schoß und eine Taschentuchbox in greifbarer Nähe. Das Kissen hat viele Einsatzmöglichkeiten. Manche Menschen klammern sich daran fest wie an einem Stofftier, für andere ist es wie ein Ventil für ihre Gefühle. Was die Taschentuchbox betrifft, bezeichne ich diesen Prozess manchmal als "Zwiebelschälen". Die meisten Menschen haben Ängste auf vielen Ebenen; ich vergleiche sie mit den Schichten einer Zwiebel, und wie beim Zwiebelschälen kommt es auch hier oft zu einer Menge Tränen.

"Wir alle tragen Masken", wende ich mich an die Gruppe. "Es ist Zeit, diese Masken abzulegen. Ihr seid hier an einem sicheren Ort. Niemand verurteilt euch. Wenn ihr eure Gordischen Knoten erfolgreich lösen wollt, ist es wichtig, aus eurer Geschichte hinaus- und in eure Gefühle hineinzugehen.

Viele von euch sind Opfer der Vergangenheit und wissen das noch nicht einmal. Es hat in eurem Leben Ereignisse gegeben, die euch nach wie vor im Griff haben. Statt in der Gegenwart zu leben, reagiert ihr auf die Vergangenheit. Die meisten von euch reagieren auf Erinnerungen und nicht auf die realen Ereignisse im Jetzt.

Wenn ihr an eure Vergangenheit als *Geschichten* denken könnt und nicht als Schlüsselereignisse eures Lebens, dann werdet ihr nicht mehr von eurer Geschichte beherrscht. Ihr werdet der Geschichtenerzähler sein, nicht mehr die Figur, die von der Geschichte definiert wird. Nur allzu oft hinterlassen Erinnerungen nichtheilende Wunden oder holpriges Narbengewebe. Wenn ihr an diesen Ereignissen festhaltet, entsteht oft ein Bumerang-Effekt: Sie kehren zurück und verletzen euch. Wenn ihr immer auf der Hut seid, um nicht von einem Bumerang getroffen zu werden, färbt das auf jeden Fall eure Weltanschauung.

Ihr müsst erkennen, dass die Vergangenheit vorbei ist. Alles, was in eurem Leben einmal geschehen ist, ist jetzt nur noch Geschichte, nichts weiter."

Ich sage nur sehr wenig zu meinem Gegenüber. Meine Aufgabe als Workshop-Leiterin ist es zuzuhören. Normalerweise stelle ich eine unbedrohliche Frage. Oft beginne ich die Übung mit der Aufforderung: "Erzähl mir etwas Gutes, das heute passiert ist." Dadurch ist mein Partner präsenter.

Ich höre mir seine Antwort an. Die Fesseln beginnen sich zu lösen, wenn sich die Aufmerksamkeit vom Kopf zum Herzen verlagert. Die meisten von uns lernen, Gefühle zu unterdrücken. Mit der Zeit werden wir gut darin, unsere Emotionen von uns abzuspalten. Von klein auf heißt es: "Augen zu und durch!" Und: "Halt die Ohren steif!" Kurzfristig scheint das tatsächlich auch manchmal zu funktionieren. Das Leben geht wirklich weiter. Aber Gefühle zu unterdrücken ist nicht so einfach. Man braucht viel Energie, um alles unter Verschluss zu halten. Einen Korken auf einen Geysir zu stopfen ist nicht besonders effektiv. Ich bezweifle, dass Hansje Brinker tatsächlich den Deich mit seinem Finger stopfen konnte; meiner Erfahrung nach treten anderswo Löcher auf, wenn etwas aufgestaut wird. Der menschliche Geist ist ziemlich genauso; unterdrücken Sie Emotionen und Gefühle, und Sie werden sehen, dass sie einen Weg nach draußen finden und auf mitunter merkwürdige Art und Weise durchsickern.

Um der Gruppe die Nervosität zu nehmen, erzähle ich manchmal Dinge aus meiner Biografie und schildere, wie ich lernen musste, eine Entfesselungskünstlerin bei meinen eigenen Fesseln zu werden. Falls die Gruppe bis dahin irgendwelche Illusionen hatte, ich könnte eine Heilige sein, habe ich sie spätestens jetzt beiseitegeräumt. Mensch zu sein, heißt, fehlbar zu sein, und sie erfahren, dass auch ich da keine Ausnahme bin.

Manchmal erwähne ich an dieser Stelle meine frühere Ehe und wie ich so sehr wollte, dass sie funktionierte, dass ich jahrelang eine Lüge lebte. Statt ich selbst zu sein, tat ich so, als wäre alles super in meinem Leben. Die Wahrheit war: Ich stand so unter Anspannung, dass mein Magen ständig verkrampfte. Meine unterdrückten Gefühle erschufen einen äußerst verschlungenen Gordischen Knoten. Ich dachte, dass ich, wenn ich nur genug betete und meditierte, meine Ehe wieder ans Laufen bringen würde. Stets um Ausgleich bemüht, vermied ich Konflikte; statt mich über meinen Mann zu ärgern, fraß ich alles in mich hinein. Mein Körper zeigte mir meine Verzweiflung; eines Tages blickte ich in den Spiegel und sah, wie verhärmt ich war. Mein Spiegelbild war mehr Skelett als Mensch, und ich wusste, dass ich gehen oder sterben musste. Ich erzähle meinen Kursteilnehmern, dass ich mit Menschen gearbeitet habe, die genau entgegengesetzt reagierten und fünfzig Kilo oder mehr zunahmen. Wenn wir uns nicht mit unseren Gefühlen auseinandersetzen, wird unser Körper uns auf die eine oder andere Weise unser inneres Chaos vor Augen führen.

Wenn wir beginnen, unsere Fesseln zu lösen, liegt meine Aufgabe darin, die Kursteilnehmer auf der Spur zu halten. Innerhalb der ersten dreißig Sekunden versuchen die meisten, wegzuschauen, einen krummen Rücken zu machen oder den Kopf abzuwenden. Statt etwas zu sagen, tippe ich nur mit dem Zeigefinger an mein rechtes Auge. Neben ihrem körperlichen Fluchtversuch versuchen viele auch, emotional zu entkommen. Der typische Kursteilnehmer versucht, in Allgemeinplätzen zu sprechen. Es ist ein Bewältigungsmechanismus, zu dem viele Menschen im Alltag greifen. Sie wollen keine Konfrontation. So zu leben mag einfacher erscheinen, aber auf diese Weise werden Sie Ihre Fesseln niemals los.

Die meisten von uns vertuschen oder beschönigen ihre Gefühle, daher ist die Reise in unser Herz nicht einfach. Wenn ich mich nach Job, Beziehungen oder Familie erkundige, muss ich eine Antwort hören, die mehr sagt als "alles bestens". Ich will keine kalkulierten oder vorgefertigten Antworten; ich will Gefühle, keine Allgemeinplätze. Deswegen kommen manchen Leuten die ersten zehn Minuten wie eine Ewigkeit vor. Sämtliche Fluchtmechanismen funktionieren nicht mehr; statt Deiche zu bauen, bitte ich sie, sie niederzureißen. Wenn mein Gegenüber von seinem Kopf her spricht, tippe ich auf meinen Brustkorb, um zu zeigen, dass es aus seinem Kopf und in seine Gefühle hineingehen muss. Das ist "Herzchirurgie" – um an Ihre Fesseln heranzukommen, müssen Sie ehrlich sein und aus dem Herzen sprechen. *Die Gefühle, die wir bisher in unserem sorgfältig errichteten Gefängnis unterdrückt haben, müssen wir jetzt freilassen.*

Ich tippe mit dem Zeigefinger an mein rechtes Auge, dann auf mein Herz. Ich weise den Kursteilnehmer an, mich direkt anzuschauen, weil das den Blick nach innen erleichtert. Für die meisten Leute ist es nicht einfach, auf diesem heißen Stuhl zu sitzen.

Konfrontiert mit dem Quell ihrer inneren Gefühle, bekommen viele Menschen es mit der Angst zu tun. Sie leben schon so lange mit ihrer Maske und ihren Lügen, dass sie fürchten, bloßgestellt zu werden, und ihr vertrautes Gefängnis finden sie bequemer als das Unbekannte.

Wollen Sie weiter in Angst leben? Wenn nicht, dann ist es Zeit zu erfahren, wie Sie aus Ihrem selbsterrichteten Gefängnis ausbrechen können.

Pause

Helen war eine aufgeweckte, attraktive Rechtsanwältin, die zu meinem ersten Workshop kam, nachdem eine Freundin über ihre Erfahrungen in einem meiner Kurse geschwärmt hatte. Später sagte mir Helen: "Sie [ihre Freundin] hatte so ein Strahlen, bei dem ich richtig eifersüchtig wurde. Das wollte ich auch."

Als ich Helen zum ersten Mal traf, saß ihre Maske etwas fester als bei den meisten Leuten. In unserer Privatstunde öffnete sie sich nur zögerlich, und ich musste an die kontrollsüchtige Filmfigur von Mary Tyler Moore im Film *Eine ganz normale Familie* denken, die immer gerne den Eindruck vermittelte, dass in ihrem Leben alles perfekt lief. Helen war der schöne Schein sehr wichtig, sie wollte, dass niemand hinter die Fassade blickte. Alles sei toll, sagte sie, alles sei wunderbar. Je mehr sie in Allgemeinplätzen sprach, umso mehr tippte ich mir auf den Brustkorb, um sie zu ermuntern, über ihre Gefühle zu sprechen.

Wir sahen uns ihre geschönte Kindheit an, und ich ließ nicht zu, dass Helen dabei ihre rosarote Brille aufsetzte. Ich habe festgestellt, dass der Gordische Knoten meist aus einer ganzen Reihe von Knoten besteht; "der große" ist niemals der erste Knoten. Das Auflösen erfolgt Stück für Stück. Wie sich herausstellte, wuchs Helen in Armut auf. Nach wie vor fühlte sie sich deswegen schuldig, als ob es irgendwie ihre Schuld gewesen sei, arm gewesen zu sein. Helen erinnerte sich, dass sie nie das richtige Kleid gehabt oder toll ausgesehen hatte und sich anderen Mädchen immer unterlegen gefühlt hatte. Ihr späterer Erfolg als Erwachsene hatte diese Ängste nicht zum Schweigen gebracht.

In einer Situation wie Helens hat es die Logik schwer. In meiner Jugend kannte ich einige Menschen, die die Große Depression erlebt hatten. Wie Helen fühlten sich viele von ihnen niemals sicher. Um die Leere in Helens Leben zu füllen, mussten wir in ihre Kindheit zurückgehen, denn wie viele Menschen wurde Helen von den Umständen ihrer frühen Kindheit kontrolliert. Wenn Sie Ihre Fesseln aufknoten, müssen Sie manchmal viele, viele Jahre zurückgehen. Helens frühe Armut war der Auslöser ihrer Angst, die nach wie vor ihr Leben beherrschte, und nun musste sie sich diesem verletzten Kind zuwenden.

Während wir sprachen, öffnete Helen sich dem wahren Grund, aus dem sie mich aufgesucht hatte. Ein paar Monate zuvor hatte sie einen Anruf erhalten, von dem sie immer geträumt hatte – ein großes Filmstudio wollte ihre Dienste in Anspruch nehmen. Helen wusste, dass das endlich ihre Chance auf die erste Liga war, aber leider entwickelten sich die Dinge nicht wie erhofft. Sie bekam mysteriöse Beschwerden, eine Schwellung im Hals, die es ihr unmöglich machte zu sprechen. Kein Arzt fand die Ursache, und Helen war gezwungen, sich zu entspannen und auszuruhen, bis ihre Stimme wieder normal wurde.

Auf Nachfrage erfuhr ich, dass Helens Gesundheit ihr nicht zum ersten Mal einen Strich durch die Rechnung gemacht hatte, als es darum ging, einen Großkunden zu gewinnen. Das Muster hatte sich schon zweimal zuvor so abgespielt; jedes Mal hatte Helen einen körperlichen Zusammenbruch erlitten. Immer kurz vor einem großen Erfolg war sie krank geworden. Ich forschte weiter nach und fand heraus, dass Helen trotz ihrer soliden Anwaltskanzlei bisher immer nur hauptsächlich kleine und mittlere Kunden gehabt hatte.

Als Helen zu mir kam, hatte sie gerade ihre mysteriösen Halsbeschwerden überwunden. Sie klagte über die "verpasste Chance", sah aber nicht, dass die Grundursache womöglich etwas anderes war als Krankheit. Erst nachdem wir begonnen hatten, ihre Gordischen Knoten der Vergangenheit zu lösen, erkannte sie den psychosomatischen Charakter ihrer Krankheiten. In unseren Gesprächen wurde deutlich, dass die Scham über ihre frühere Armut Helen immer noch zu schaffen machte. Insgeheim hielt sie sich nicht für würdig, Großkunden in ihrer Kartei zu haben. Sie glaubte, sie würden irgendwann zu dem Schluss kommen, dass sie eine Schwindlerin war. Ihr ganzes Leben als Erwachsene hatte Helen sich nie mit ihrer frühen Kindheit befassen wollen. Sie dachte, es sei einfacher, diese unglückliche Zeit einfach zu übertünchen. Daher hatte Helen ihre Welt unabsichtlich auf einem Kartenhaus errichtet; das Fundament ihres Hauses waren die Armut ihrer Jugend und die Not ihrer Kindheit. Kein Wunder, dass Helen das Gefühl hatte, dass ihre Welt auf Treibsand gebaut war.

Wir arbeiteten daran, ihre Gordischen Knoten zu lösen. Im Laufe mehrerer Termine konnte Helen ihre Fesseln an die Vergangenheit mitsamt Begleitgepäck abwerfen. Indem sie sich die Umstände ihrer Jugend ehrlich anschaute, konnte Helen besser mit ihrer Angst umgehen. Sie konnte mit diesem verängstigten Mädchen sprechen und ihr sagen, dass alles besser werden würde. Als sie Fortschritte machte und die Vergangenheit hinter sich ließ, war Helens Erleichterung offensichtlich. Man konnte es ihrem Gesicht ansehen – Botox hätte ihre Sorgenfalten nicht besser glätten können!

Ihr Selbstvertrauen erblühte, ihr Schwung kam wieder zurück. Sie sagte mir, sie fühle sich wie ein neuer Mensch, und das war sie auch in vielerlei Hinsicht. Mit neu entdeckter Selbstsicherheit kontaktierte Helen das Filmstudio und sagte, dass ihre Gesundheitsprobleme vorüber waren. Leider sagte man ihr, dass der Auftrag schon anderweitig vergeben worden war.

Die neue Helen war enttäuscht, aber nicht am Boden zerstört. Sie war nicht mehr die "arme" Helen und war entschlossen, sich nie mehr von ihrer Vergangenheit herunterziehen zu lassen. Ein glücklicher Nachtrag: Ein Jahr später rief das Studio Helen an, um ihr einen weiteren Auftrag anzubieten, und diesmal nahm sie ihn mit Freuden an.

Pause

Marcus war ein 35-jähriger erfolgreicher Zahnarzt, der letztendlich eine ähnliche Erleuchtung hatte wie Helen. Üblicherweise arbeiten Männer sehr ungern an ihren Fesseln, obwohl sie wie Ebenezer Scrooges Freund Jacob Marley meist in viele Ketten gewickelt sind, die sie bremsen und zurückhalten. Frauen erzählen gerne den Witz über den "wahren" Grund, warum Moses vierzig Jahre lang durch die Wüste wanderte: Er war einfach zu stur, um nach der Richtung zu fragen! Jahrelang war Marcus wie Moses gewesen, aber jetzt kam er zu mir, weil er nach einer Richtung suchte.

Wie die meisten Männer war Marcus nicht gerade begeistert von der Vorstellung, an seinen Fesseln zu zerren, aber irgendwann begann er, seine Gefühle preiszugeben. Sich mit den eigenen Fesseln zu beschäftigen, ist nicht einfach. Es ist wesentlich bequemer, die Kontrolle zu haben oder zumindest zu denken, dass man sie hat. Über Gefühle zu sprechen ist für Männer besonders schwierig, und Marcus war da keine Ausnahme. Dennoch löste sich nach einiger Zeit ein Knoten nach dem anderen, und dann wieder der nächste. Am Ende ließ Marcus sein Gehabe fahren und sprach aus dem Herzen. Er sagte mir, er habe Eheprobleme, sei sich aber nicht sicher, warum. Er hatte eine liebevolle Frau, aber das Gefühl, ihrer Liebe nicht würdig zu sein. Er gestand, dass er schnell zornig wurde, obwohl er nicht genau wusste, was die Ursache für seinen Jähzorn war. Je mehr wir redeten, umso offensichtlicher wurde, dass die meisten seiner Probleme ihren Ursprung nicht in der Gegenwart, sondern in der Vergangenheit hatten.

Als Marcus begann, über seine Mutter zu sprechen, gab er zu, dass es ihm nie gelang, ihre Anerkennung zu bekommen. "Sie sagte immer eines und tat etwas anderes", sagte er. "Es war, als könnte ich nie gewinnen."

Seine Mutter, erfuhr ich, verteilte gerne vernichtendes Lob. Einmal schenkte Marcus ihr einen Rosenstrauß. "Oh, wie schön", sagte sie. "Zu dumm, dass ich keine Rosen mag."

Als er mir diese Geschichte erzählte, füllte sich Marcus' Gesicht mit Zorn und Enttäuschung. Er war noch immer der kleine Junge, der sich nach Anerkennung sehnte. Obwohl er ein erwachsener Mann war, hatte sich nichts daran geändert.

"Fachleute für psychische Krankheiten würden diese Situationen, in die deine Mutter dich brachte, eine *Doppelbindung* nennen", sagte ich. "Du hast recht, dass du nicht gewinnen konntest – egal, was du tatest. Und der einzige Weg, wie du jetzt gewinnen wirst, ist es, diese Gordische Doppelbindung zu durchtrennen."

Zu dem Zeitpunkt wusste Marcus noch nicht, was ich damit meinte, aber bei den nächsten Terminen wurde es ihm klar. Er erkannte, dass er sich von seiner Frau distanzierte, weil seine Mutter ihn glauben gemacht hatte, er sei keiner Liebe würdig. Marcus begriff auch, dass der Zorn gegen seine Frau fehlgeleitet war; der wahre Gegenstand seines Zorns war der tiefliegende Groll gegen seine Mutter.

In den Monaten darauf verbesserte Marcus sein Leben und seine Ehe. Indem er seinen Gordischen Knoten durchtrennte, konnte er seinen Zorn stark mäßigen. Da Marcus erkannt hatte, dass er gegen seine Mutter niemals gewinnen konnte, weigerte er sich endlich, weiter ihre Spielchen mitzuspielen. Er wusste jetzt, dass er niemals ihre Anerkennung gewinnen konnte, deshalb suchte er sie nicht länger.

Marcus war dankbar für seine Erkenntnisse. "Ich will ein besserer Ehemann sein", sagte er mir, "und ich will besser sein, als ich es je für möglich gehalten habe."

Jede Läuterung hat ihren Preis. Um weiterzukommen, müssen wir oft erst einen Schritt zurückgehen. Menschen, die alte Wunden heilen wollen, müssen an ihren Gordischen Knoten arbeiten. Ich habe gesehen, dass Leben sich verwandeln, wenn die Fesseln abfallen. Es ist erstaunlich, wie schnell manche Menschen zum Kernpunkt ihrer Probleme gelangen. Alexandrinische Lösungen funktionieren bei Gordischen Knoten sehr oft. Wenn Menschen Gefühle aufstauen, leidet der Körper, was sich in zahlreichen Symptomen wie hohem Blutdruck, Depressionen und Gewichtszunahme äußert. Ich bin immer wieder erstaunt, wie Menschen, wenn sie ihre Gordischen Knoten gelöst haben, wieder auf die Beine kommen und wieder gesund und ausgeglichen werden.

 Pause

Geheimnisse preiszugeben ist nicht einfach, aber Sie gewinnen dadurch eine Freiheit wie nie zuvor. Vielen Menschen ist nicht bewusst, wie schwer Geheimnisse wiegen. Manchmal fordere ich auf Vorträgen mein Publikum auf: "Ich möchte, dass ihr jetzt einmal alle an euer tiefstes, dunkelstes Geheimnis denkt." Es folgt ein wenig nervöses Gelächter, und nach ein paar Sekunden gemeinsamen Nachdenkens weise ich darauf hin, wie schwer der Raum geworden ist. Geheimnisse sind beschwerlich. Oft haben sie einen "Teerbaby"-Effekt; wenn Sie versuchen, sie aus dem Kopf zu bekommen oder zuzudecken, kleben sie noch viel mehr an Ihnen fest. Mit den Worten von Sir Walter Scott: "Oh, was für ein verstricktes Netz wir weben, wenn wir zuerst die Täuschung üben."

Menschen haben aus den unterschiedlichsten Gründen Geheimnisse. Einige haben Angst, wie andere sie wohl sehen würden, wenn sie ihr "wahres" Wesen kennen würden. Die Angst vor ihrem

"Geheimleben" hat schon einige dazu gebracht, sich in der Öffentlichkeit komplett anders zu geben als privat.

Ich zitiere oft Robert Bly, der meinte: "Wenn jemand mit einem Hinkebein versucht, so zu gehen, dass es nicht auffällt, kommt sein Hinken irgendwo anders zu Vorschein."

Wo kommt Ihr Hinken zum Vorschein? Oder noch besser gefragt: Sind Sie es nicht leid zu hinken?

Viele Menschen, mit denen ich arbeite, wollen den Sinn wissen, warum sie auf dieser Welt sind. Sie kommen zu mir, um diesen Sinn herauszufinden. Sie haben dieses Bedürfnis in sich; sie suchen nach mehr. Um an diesen neuen Ort zu gelangen, müssen sie sich oft von den Fesseln lösen, von denen sie zurückgehalten werden.

In meinen Retreats und Kursen schaffe ich einen sicheren Ort, wo Menschen an ihren Fesseln arbeiten können. Ich erzähle ihnen von den Masken, die wir alle tragen, ich spreche über die schweren Geheimnisse, die wir alle haben, ich sage ihnen, dass wir alle schmutzige Wäsche haben, die einen Waschgang nötig hat.

Auch wenn Sie es vielleicht angenehmer fänden, allein an Ihren Gordischen Knoten zu arbeiten, würde dieser Versuch unweigerlich scheitern. Sie müssen in jedem Fall einen Partner dafür haben, vorzugsweise jemanden, der nichts mit Ihren Geschichten zu tun hat. Wir alle kennen den Bibelspruch: *"Die Wahrheit wird euch frei machen."* Und genau das habe ich passieren sehen. Ich habe neue Gesichter und erleichterte Körper gesehen und den reinen Duft der Freiheit geatmet. Die Verwandlung ist wirklich unglaublich, aber es geht nicht ohne Hürden. Gloria Steinem sagte: "Die Wahrheit wird dich frei machen. Aber zuerst wird sie dich stinksauer machen."

Sie müssen bereit sein, stinksauer zu werden. *Solange Sie Gefühle unterdrücken, wird Ihr Leben nicht so laufen, wie es sollte.* Sie werden mehr zu diesem Gefühl statt weniger. Sie reagieren auf eine alte Geschichte mit demselben "Unhappy End". Warum nicht einfach ein Happy End versuchen?

In meinen Workshops haben Menschen mir sämtliche Todsünden offenbart. Ich habe Bekenntnisse über Stolz, Neid, Völlerei, Lust, Zorn, Gier und Faulheit gehört und noch vieles mehr. Wenn die Leute ihre Geschichten und Gefühle preisgeben, sprechen sie oft mit gedämpfter Stimme. Das Geschilderte ist vielleicht zwanzig oder dreißig Jahre her, aber so nehmen sie es nicht wahr. Die Vergangenheit und das einst Geschehene haben sie immer noch fest im Griff.

Das sind Geschichten, sage ich den Leuten. Das sind jetzt nur noch Geschichten.

Wann immer Sie anerkennen, wovor Sie Angst haben, lockert sich der Griff der Angst. Viele Menschen sind sich nicht der Untertöne bewusst, die ihr Leben bestimmen. Oft kommen Klienten mit der Sorge zu mir, dass sie nicht das Leben führen, das sie eigentlich führen sollten, und Angst haben, dass ihre Zeit auf Erden verstreichen wird, ohne dass sie ihre Ziele erreichen. Ständiges Bedauern, nicht das Leben zu führen, das Sie führen sollten, kann lähmend sein. Wenn Sie etwas gegen diese unsichtbaren, lähmenden Fesseln unternehmen, können Sie die Freiheit gewinnen zu gehen, wohin Sie wollen. Haben Sie einen Knoten gelöst, kommen Sie unweigerlich zum nächsten – und wieder zum nächsten, bis Ihr Gordischer Knoten schließlich von Ihnen abfällt.

Jeder, der sich aufmacht, seine Gordischen Knoten loszuwerden, muss sich dazu einen geeigneten Partner suchen. Ich rate *dringend* davon ab, mit Familienmitgliedern oder Lebensgefährten zu arbeiten, da mit geliebten Menschen die Selbstzensur unweigerlich zum Problem wird. Es ist eine Übung, die vollkommene Ehrlichkeit und Gefühlsarbeit erfordert, weshalb ich sogar davon abrate, sie mit engen Freunden zu machen.

Ich weiß, dass es aus diesen Gründen nicht einfach ist, sich einen Partner zu suchen, aber Sie brauchen eine sichere, angenehme Umgebung mit einer vertrauenswürdigen Person, so dass Sie ohne Konsequenzen frei reden können. Denken Sie daran, dass dieser Prozess nicht lange dauert. Meist wird der Gordische Knoten nach einer Handvoll zwanzigminütiger Sitzungen gelöst. Ich nenne diesen Prozess oft die *Gordische Entknotung.* Wenn Sie sich unwohl dabei fühlen, die Übung mit einem Bekannten zu machen, können Sie auch einen Psychologen oder Sozialarbeiter für mehrere Termine in Anspruch nehmen. Eine mir bekannte Frau vereinbarte einen Termin mit einer zugelassenen klinischen Sozialarbeiterin und fragte, ob sie jeweils zwanzig Minuten diese Übung machen könnten. Die Therapeutin war offen dafür, und beide freuten sich über die tiefgreifenden Erfolge dieser einfachen Methode. Kommen Sie nicht mit der Ausrede, dass Sie niemanden finden, der Ihnen hilft, Ihre Knoten zu lösen – wenn Sie sich von Ihrer Vergangenheit befreien und die Gegenwart ganz genießen wollen, treffen Sie diese Vorbereitungen, sobald Sie können.

ECHOS

Der gordische Knoten

Lassen Sie unterdrückte Gefühle frei

1. Bevor Sie mit der Übung beginnen, versuchen Sie, es sich so *angenehm* wie möglich zu machen. Damit Sie sich wohlfühlen, müssen Sie den richtigen Partner gewählt und einen sicheren Ort gefunden haben, wo Sie ungestört sein werden. Idealerweise wird Ihr Partner die Übung ebenfalls machen. Legen Sie sich ein Kissen auf den Schoß, und stellen Sie eine Taschentuchbox bereit. Nehmen Sie die geistige Haltung ein, dass Sie hier sind, um über Ihre Ängste und Gefühle zu sprechen.

2. Wenn Sie in die Übung gehen, seien Sie sich bewusst, dass sie zwanzig Minuten pro Person dauern wird. Wenn Sie mit dem Prozess vertrauter sind, können Sie die Zeit auf dreißig Minuten pro Person verlängern – aber niemals länger!

3. Das ist keine "Therapie" im konventionellen Sinne. Die Aufgabe des Partners ist es zuzuhören. Er darf keinen Rat erteilen oder Kommentare abgeben. Seine Rolle besteht darin, zuzuhören und dafür zu sorgen, dass Sie auf Ihre Angst konzentriert bleiben. Das kann er am besten tun, indem er Sie "auf der Spur

hält", darauf besteht, dass Sie unbeirrt den Blickkontakt halten, und Sie anweist, sich mit Ihren Gefühlen auseinanderzusetzen. All das ist ohne Worte möglich. Ihr Partner sollte sich einfach ans rechte Auge oder aufs Herz tippen.

4. Atmen Sie ein paar Mal tief ein und aus. Beginnen Sie die Sitzung, indem Sie von etwas Positivem berichten, das Ihnen vor kurzem passiert ist. Das bringt Sie ins Jetzt und hilft Ihnen, sich zu konzentrieren. Konzentrieren Sie sich darauf, was Sie in diesem Moment fühlen, und drücken Sie diese Gefühle aus. Die meisten Leute editieren, was sie sagen. Editieren Sie gar nichts, und machen Sie sich keine Sorgen, unlogisch zu sein. Die einzige allgemeingültige Regel ist hier, ehrlich zu sein. Reden Sie aus dem Bauch heraus und sprechen Sie aus, was auch immer hochkommt. Das ist der beste Weg, um Ihre Angst loszulassen.

5. Erzählen Sie keine Geschichte über Ihre Angst, sondern bleiben Sie auf die Angst selbst und die Gefühle konzentriert, die die Angst in Ihnen hervorruft. Dies ist nicht der Zeitpunkt, um Erinnerungen Revue passieren zu lassen, sondern um zu schildern, welche Gefühle diese Ereignisse in Ihnen ausgelöst haben. Verbinden Sie sich mit den Gefühlen, statt nur eine Geschichte zu erzählen. Wenn Sie in Ihre unterdrückten Gefühle hineingehen, werden sie an die Oberfläche kommen.

6. Was auch immer das Gefühl ist, bringen Sie es zum Ausdruck. Sie können weinen, schreien, zittern oder sogar lachen. Unterdrücken Sie nichts. Das Ausdrücken Ihrer Gefühle wird Ihnen helfen, Ihre Angst zu verlieren. Wenn Sie Zorn, Schmerz, Traurigkeit oder Freude empfinden, lassen Sie sie heraus. Denn wenn wir uns gegen Gefühle sperren, bestehen sie fort. Wenn Sie Aggressionen herauslassen müssen, nehmen Sie dafür das Kissen; Sie wollen schließlich nicht sich selbst

oder Ihren Partner verletzen. Wenn Sie Ihre Gefühle ausdrücken und herauslassen, wundern Sie sich nicht über die Wirkung. Lassen Sie die Tränen fließen und den Zorn heraus. *Ihr Körper braucht diese Befreiung.* Nur wenn Sie Ihren Gefühlen und Emotionen freien Lauf lassen, werden Sie angstfrei sein. Nachdem Sie diesen Knoten gelöst haben, werden Sie feststellen, dass Sie von Ihren Ketten befreit sind. Wenn diese Gewichte von Ihnen abfallen, wird Ihr Körper neu belebt, und Sie werden die Welt auf eine andere, bessere Weise sehen.

7. Akzeptieren Sie jede Angst, die hochkommt – egal, ob sie Ihnen seltsam vorkommt. Es gibt einen Grund, warum Sie fühlen, was Sie fühlen, und Sie dieser Angst immer noch ausgeliefert sind. Wenn Sie an Ihren Fesseln arbeiten, denken Sie nicht darüber nach, warum Sie so oder so fühlen, sondern fühlen Sie einfach nur.

8. Beobachten Sie Ihre Gefühle, während Sie die Übung abschließen. Denken Sie darüber nach, wie Sie sich ehrlich mit Ihren Ängsten befasst haben und angehört wurden, ohne unterbrochen oder verurteilt zu werden. Ihre Angst abzulegen gibt vielen Menschen ein freudiges Gefühl. Manche machen sich auf, bereit, es mit der ganzen Welt aufzunehmen; andere möchten meditieren und sich ausruhen. Es gibt keine richtige oder falsche Reaktion. So energiegeladen, wie Sie sich jetzt fühlen, ist es aber ratsam, sich später etwas Zeit zu gönnen, um Ruhe zu finden und sich zu entspannen. Wir alle kennen den Ausdruck *emotional erschöpfend* – nun, genau das ist es. Sie haben sich auf emotionale Erschöpfung eingelassen.

9. Es gibt Erinnerungen und Ängste, die Sie vielleicht nicht wieder durchmachen wollen. Wenn Sie sich ängstigen, denken Sie daran, dass Sie das betreffende Ereignis bereits überlebt haben.

Einige Krebsarten können nur durch aggressive Mittel besiegt werden. Sie wollen frei von diesem Krebs sein; wenn Sie sich Ihrer Angst stellen, werden Sie frei von Ihren Fesseln.

10. Verlängern Sie die Übung nicht über die vorgegebene Zeit hinaus. Wenn Sie mit einer Angst oder einem Gefühl noch nicht fertig sind, können Sie beim nächsten Mal dorthin zurückkehren. Als Abschluss der Übung sollte Ihr Partner Ihnen eine Frage stellen, um Ihre Konzentration wieder ins Jetzt zu bringen. Ich bitte mein Gegenüber oft, mir zu sagen, worauf derjenige sich heute noch freut. Das ist eine gute Methode, um die elektrische Aufladung wieder zu "erden"!

Wenn Sie sich von Ihren Gordischen Knoten lösen, werden Sie von der Vergangenheit befreit und haben mehr Energie. Es ist der ideale Zeitpunkt, um mehr positive Aktivitäten in Ihr Leben zu bringen. Denken Sie an die schönen Möglichkeiten, die Ihnen zur Verfügung stehen. Entdecken Sie, dass Lachen die beste Medizin ist. Sie könnten spazieren gehen und Sonnenuntergänge genießen. Oder besuchen Sie Freunde, schnappen Sie sich Ihr Lieblingsbuch, verwöhnen Sie sich mit einem ausgiebigen Schaumbad oder genießen Sie gute Musik. Auch mit einer ehrenamtlichen Tätigkeit können Sie sich viel besser fühlen.

Sie werden schon bald feststellen, dass Sie viel mehr Zeit haben, die Welt zu genießen und Ihr ganzes Potenzial zu verwirklichen, wenn Angst kein Teil Ihres Lebens mehr ist!

Zeit zu üben

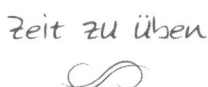

Lass dir niemals die Angst, auf die Nase zu fallen,
in die Quere kommen.

— BABE RUTH

Kapitel 5

✑

Wenn nur, wenn nur:

Beziehungsangst

Da sich Beziehungsdynamiken ständig verändern, haben viele Menschen Angst vor dem, was ist, was war und was sein wird. Wenn Sie sich mit Beziehungen und Ihrem persönlichen Weg befassen möchten, sind die *Hieroglyphen* eine der besten Methoden, die ich empfehlen kann.

Die Rede ist hier nicht von den Hieroglyphen auf dem Rosettastein, der berühmten Tafel, die in Ägypten gefunden und die die Grundlage zur Entschlüsselung dieser Symbole wurde. Das Wort *Hieroglyphen* stammt aus dem Griechischen und bedeutet *heilige Schrift*. Um in Ihre Mitte zu finden, müssen Sie Ihr heiliges Selbst erforschen, denn es ist die Quelle Ihrer Wahrheit.

Wenn Sie Ihre Hieroglyphen erforschen, führen Sie eine Art Tagebuch, aber dabei geht es nicht darum, persönliche Geschichten aufzuschreiben, sondern darum, Ihre Gefühle zu ergründen. Wenn Sie sich eingehend mit diesen Gefühlen beschäftigen, erfahren Sie nicht nur eine seelische Läuterung, sondern setzen sich auch mit einer Wahrheit auseinander, die meist unter mehreren Schichten verborgen liegt.

Um unsere Angst zu lindern, müssen wir manchmal einfach nur eine Situation auf eine andere Weise betrachten. Stellen Sie sich Ihre Hieroglyphen als Karte Ihrer Gefühle vor; diese Karte kann ganz anders aussehen als die, die Ihr Kopf zeichnen würde. Ab und zu bringe ich zu meinen Seminaren und Workshops eine umgedrehte Weltkarte mit. Diese Karte, auch Verkehrte-Welt-Karte oder Kopfüber-Karte genannt, zeigt Australien und Neuseeland ganz oben statt unten. Das "Land Down Under" wird zum "Land Up Top". Irgendwann einmal wurde die willkürliche Entscheidung getroffen, dass Norden oben und Süden unten ist, und wir lernten, mit diesen Scheuklappen zu denken. Genauso ist es auch mit unseren Gefühlen; wir wurden konditioniert, sie aus der Gleichung unseres Lebens herauszuhalten.

Auf den meisten Karten sehen wir unser eigenes Land als Mittelpunkt der Welt. Viele Karten sind nicht maßstabsgetreu. In Wahrheit würden die Meere die Erdkugel beherrschen, aber auf den meisten Karten erscheinen sie kleiner, als sie sind. Denken Sie einmal an Ihre persönliche Karte: Die meisten von Ihnen haben ihre Gefühle wesentlich kleiner gemacht, als sie eigentlich sind. Hieroglyphen können diese veränderten oder verborgenen Karten zum Vorschein bringen.

Einige von Ihnen werden jetzt sicher sagen: "Ich schreibe ja noch nicht mal Einkaufslisten." Keine Bange – hier geht es nicht ums Schreiben. Hier geht es ums Fühlen. Deshalb heißt diese Methode Hieroglyphen. Worte reichen nicht aus für das, was Sie fühlen. Besser können Farben oder Zeichnungen zum Ausdruck bringen, was in Ihnen ist. Die altägyptischen Hieroglyphen bestanden aus über 2000 Zeichnungen bekannter Gegenstände. Für Ihre Aufzeichnungen finden Sie vielleicht eine ähnliche Art von Kurzschrift. Vielleicht werden Sie ein Herz zeichnen, wenn Sie über Gefühle sprechen. Vielleicht wird eine Brücke verständlich machen, was Sie herüberbringen müssen. Wenn Sie einen roten Stift verwenden, könnte das Ihren Zorn zum Ausdruck bringen. Es gibt keine allgemeingültigen Regeln für Ihre Hieroglyphen, außer dass Sie sich mit Ihren Gefühlen befassen.

Manchmal geben Ihnen Ihre Gefühle Antworten, die Sie lieber nicht hören würden. Zehn Jahre lang führte ich eine Beziehung mit einem ausländischen Botschafter namens Bruce. Es gab Zeiten, in denen es mir vorkam, als sei ich eine Figur in einem Liebesroman. Einmal war ich Gastrednerin auf einem Kreuzfahrtschiff, das die Route Hongkong-Vietnam-Bangkok fuhr. Bruce und ich hatten verabredet, uns in Bangkok zu treffen, da er gerade den amerikanischen Botschafter in Thailand besuchte.

Wenn es darum ging, Leute von den Socken zu hauen, war Bruce ein besonderes Kaliber. Er sagte mir, er habe meine Abholung arrangiert, ging aber nicht ins Detail. Als ich das Schiff in Bangkok verließ, erhielt ich eine Polizeieskorte zum *Oriental Bangkok*, einem legendären Hotel der Stadt. Aber der Zauber war noch nicht vorbei. Bruce hatte keinen roten Teppich für mich – sondern etwas noch Besseres. Das Hotelpersonal hatte sich im Spalier aufgestellt, um mich zu begrüßen. Als ich an ihnen vorüberging, verbeugten sie sich und lächelten. Es war wie im Film, aber noch großartiger, mit hunderten Augen, die auf mich gerichtet waren. Das Einzige, was noch fehlte, waren Kcamerablitze. Das Defilee reichte bis zu einem großen Treppenaufgang, von wo aus die Liebe meines Lebens zu mir herunterschaute. Wie ein geschmeidiger Cary Grant schritt Bruce die Marmorstufen herab – und ich hinauf in seine Arme.

Jetzt meinen Sie vielleicht, dass so ein Einstieg nicht mehr zu toppen ist, aber jeder Moment unserer drei gemeinsamen Tage schien genauso zauberhaft. Unsere Suite mit zwei Schlafzimmern bot einen wunderbaren Ausblick auf den Chao Phraya River (den "Fluss der Könige"). Auf dem hoteleigenen Schiff fühlte ich mich wie Elizabeth Taylors Kleopatra auf ihrer Barke. Wir hatten einen privaten Butler-Service, und jedes Mal, wenn ich das Zimmer verließ, wurden meine Schuhe auf Hochglanz poliert. Täglich erhielten wir frisches Obst und Blumen, und der Butler war immer darauf bedacht, mir frischen Orangensaft zu pressen. Romantik, Blumen und frisch gepresster Orangensaft – was wollte ich mehr?!

Und doch ... und doch ... meine Hieroglyphen sagten mir, dass es Probleme im Paradies gab. Glauben Sie mir, ich wollte in dieser Fantasie schwelgen, aber in unserer Beziehung gab es noch andere wichtige Aspekte. Wir lebten an unterschiedlichen Küsten, aber unsere Trennung war nicht nur räumlich. Meine Hieroglyphen zeigten mir klar und deutlich, dass Bruce ganz Kopf war und ich ganz Herz. Die heilige Schrift offenbarte mir, dass ich mich verändern musste, wenn ich in seiner Welt sein wollte. Zudem waren meine Erwartungen an Bruce unrealistisch. Die Hieroglyphen zeigten mir, dass er nicht imstande war, sie zu erfüllen.

Es war nicht einfach, diese lange Beziehung mit dem Mann zu beenden, den ich über alles liebte, aber zu heiraten hätte keinen Sinn gehabt, da ich bereits das Unheil sah und wusste, dass eine solche Ehe nicht funktionieren würde. Meine Fantasie musste der Realität weichen; neue, noch nicht offenbarte Träume mussten alte ersetzen. Die Zeit hat gezeigt, dass die Trennung richtig für uns beide war, auch wenn sie sehr schwierig war.

Oft sagen die Leute: "Mein Herz sagt mir dies, mein Kopf sagt mir das." Ironischerweise hätte man in einer Situation wie der von Bruce und mir meinen können, mein "Herz" hätte mir gesagt, dass unsere Romanze irgendwie überleben könnte, obwohl tatsächlich genau das Gegenteil der Fall war. Gefühle des Herzens sind aufschlussreicher und gehen viel tiefer, als der Kopf es jemals begreifen kann. Ich wusste, dass ich mir selbst treu bleiben musste, und ich wollte dasselbe auch für ihn. Zu lernen, auf unsere Gefühle zu hören, ist schwierig, aber absolut notwendig.

◌℆ Pause ℀◌

Um den größtmöglichen Nutzen aus den Hieroglyphen zu ziehen, lernen meine Klienten, ihre Gefühle zum Ausdruck zu bringen, statt ein Ereignis zu beschreiben. Als Vanessa zu mir kam, hatte sie Eheprobleme mit ihrem Mann Alex. Bei ihrem ersten Versuch mit den Hieroglyphen schilderte Vanessa ihre Schwierigkeiten:

"Jedes Mal, wenn ich mit Alex rede, unterbricht er mich", schrieb sie. "Er macht das schon seit unserer ersten Begegnung vor sieben Jahren. Er ist wirklich grob. Er glaubt, auf alles eine Antwort zu haben. Ich kann mich an kein einziges Mal erinnern, dass ich zu Ende reden konnte, wenn ich ihm von meinem Tag erzählte, ohne dass er dazwischenfuhr. Er muss sich wirklich ändern."

Als Vanessa mir diesen Eintrag zeigte, lobte ich ihre Bemühungen, fragte sie aber, ob sie ihn nicht noch einmal neu schreiben wollte, so dass er ganz ohne Hintergrundgeschichte oder Schuldzuweisungen *ihre* Gefühle vermittelte. Vanessas zweiter Versuch mit den Hieroglyphen brachte ihre Gefühle wesentlich besser zum Ausdruck:

"Ich bin so wütend auf Alex. Ich will schreien. Ich koche. Mir reicht es", schrieb sie. "Wenn er mich unterbricht, bekomme ich Rückenschmerzen. Aua, es tut wirklich weh. Er ist ein großer Schmerz in meinem Leben und in meinem Rücken. Ich bin so angespannt. Ich bin wütend. Verschwinde aus meinem Leben! Ich habe es satt. Mir reicht es. Ich bin fertig mit dir."

In meinen Kursen und Workshops lege ich Wert auf persönliche Verantwortung. Wenn Sie sich schlecht fühlen – warum fühlen Sie sich schlecht? Eleanor Roosevelt formulierte es am besten: *"Niemand kann dich ohne deine Erlaubnis dazu bringen, dich irgendwie zu fühlen."* Als ich diese Worte zitierte, ging Vanessa ein

Licht auf. Sie erkannte, dass sie Verantwortung für ihren Anteil an der Beziehung übernehmen musste. *Statt Alex einfach nur zu beschuldigen, erkannte Vanessa, dass sie aktiv an ihrem Drama mitgewirkt hatte und entweder ihre unglückliche Kommunikation fortführen oder neue Grenzen setzen konnte.*

Nachdem sie mit Alex gesprochen und klargestellt hatte, warum sie so unglücklich war, beschlossen beide, an ihrer Kommunikation zu arbeiten. Indem sie einen Dialog mit ihren Gefühlen eröffnete, konnte Vanessa einen Dialog mit ihrem Mann eröffnen; indem sie ihre Beziehung zu sich selbst veränderte, veränderte sie die Beziehung zu ihrem geliebten Mann. Vanessas Hieroglyphen änderten auch ihre Beziehung zu anderen Menschen. Sie stand besser mit ihren Gefühlen in Verbindung und begriff, dass sie verantwortlich dafür war, wie sie sich fühlte.

Ich ermuntere die Leute, sich Aufzeichnungen zu machen, wenn auch vielleicht erst einmal nur, um eine Referenz zu haben, wie weit sie gekommen sind. Anfangs werden Sie es wahrscheinlich schwierig finden, sich mit Ihren Gefühlen zu verbinden. Man sperrt sich dagegen, an Dingen zu rühren, die man unter Verschluss gehalten hat. Wie heißt es so schön: "Es ist schwierig, die Zahnpasta wieder in die Tube zu quetschen, wenn sie erst einmal draußen ist."

Glauben Sie mir - Sie wollen die Zahnpasta gar nicht wieder zurückquetschen. Wenn Sie in Ihre Gefühle hineingehen, hilft Ihnen das, Angst und Stress zu verringern. Ich ermuntere die Leute, ihre Angst in ihren Hieroglyphen anzuerkennen. Wenn Sie sich damit befassen, was Sie plagt, und darüber schreiben, wird die Angst sich auflösen, und Sie werden eine ganz neue Ruhe empfinden. *Ohne den Einfluss von Angst in Ihrem Leben werden Sie Ihre Situation klarer sehen.* Wenn Sie sich mit Ihren Gefühlen und Ängsten befassen, verschaffen die Hieroglyphen Ihnen Einsicht in eine Situation, über die Sie sonst vielleicht nicht hätten nachdenken wollen. Plötzlich beschäftigt Sie die Angst nicht mehr oder drückt Sie nieder, weil Sie beschlossen haben, sich ihr zu stellen.

Ich ermuntere meine Klienten, feste Zeiten für ihre Hieroglyphen einzuplanen. Angst und Chaos gehen oft Hand in Hand. Sie werden feststellen: Wenn Ihr Leben ein einziges Durcheinander ist, wird alles überschaubarer, wenn Sie einen "Schreibplan" für Ihre Angst aufstellen.

Sie brauchen kein "Programm" für Ihre Hieroglyphen; oft ist es wirklich produktiver, als unbeschriebenes Blatt (wortwörtlich!) an die Übung heranzugehen. Ein typisches Nebenprodukt der Hieroglyphen-Übung ist es, dass sie alle aktuellen Turbulenzen in Ihrem Leben aufzeigt, was erklärt, warum das Thema Beziehungen so oft darin vorkommt. Beziehungen sind dem Herzen lieb und teuer. Bringen Sie diese Gefühle zum Ausdruck!

Meine Klientin Anna hatte ein Beziehungsdilemma, das sie mit den Hieroglyphen löste. Jahrelang hatten sie und David miteinander geflirtet und fühlten sich beide sehr zueinander hingezogen, aber er war verheiratet. Ihre Beziehung änderte sich plötzlich, als sie eine leidenschaftliche Affäre begannen. Anna wusste, dass es falsch war, aber sie und David hatten so tiefe Gefühle füreinander, dass keiner ihre Beziehung wieder beenden konnte. David ging sogar so weit, dass er aus seinem Haus in eine Wohnung zog.

In diesem Drunter und Drüber waren die Hieroglyphen eines der wenigen Dinge, die Anna Orientierung gaben. Während der Affäre führte sie mehr Aufzeichnungen als je zuvor. Sie wollte, dass ihre Hieroglyphen ihr sagten, alles sei prima, aber ihre heilige Schrift zeigte ihr etwas anderes.

Anna deutete ihre Symbole, Kommentare und Zeichnungen, und immer wieder sah sie den schriftlichen Beweis vor sich, dass die Affäre für sie beide falsch war. Auch nachdem David aus seinem Haus ausgezogen war, änderte Annas Deutung sich nicht. Die Hieroglyphen sagten ihr, dass ihre Beziehung trotzdem unerlaubt war. David sagte, er sei in sie verliebt, aber Anna wusste, dass er sich in einem Konflikt befand und sein Herz hin- und hergerissen war.

Schlimm genug, dass sie eine Affäre eingegangen war, dachte Anna, aber noch schlimmer wäre es, sich weiter mit einem Mann einzulassen, der sich nicht ganz zu ihr bekennen konnte. Ihre Hieroglyphen sagten ihr klar und deutlich, was diese Beziehung war und was nicht. Dank ihrer Aufzeichnungen erkannte Anna, dass sie zwar Liebe in ihrem Leben wollte, aber nicht von einem verheirateten Mann. Sie begriff, dass sie etwas anderes im Leben wollte als das, was sie mit David hatte, und beschloss, sich nicht mit weniger zufriedenzugeben.

Wenn Sie einmal mit den Hieroglyphen angefangen haben, werden Sie feststellen, dass heiliges Schreiben stärker macht. Wahrscheinlich haben Sie schon einmal von den drei Moiren gehört. In der griechischen Mythologie waren sie drei Schwestern, die über das Schicksal der Menschen entschieden. Vielleicht kennen Sie Abbildungen der drei: Klotho, die den Faden des Lebens spann, Lachesis, die ihn zuteilte, und Atropos, die den Faden durchtrennte. Wenn die drei Moiren sangen, war es ein vielsagender Chor: Lachesis sang über das, was war, Klotho über das, was ist, und Atropus über das, was sein wird. Mit Ihren Hieroglyphen werden Sie zu den drei Moiren: Sie blicken in die Vergangenheit, finden Sinn in der Gegenwart und malen sich die Zukunft aus.

 Pause

Shelley kam zu mir, weil sie sich überwältigt von "dem ganzen Chaos" in ihrem Leben fühlte. Sie war seit fast zwei Jahren geschieden und fürchtete verzweifelt, dass sie ihr Leben niemals auf die Reihe bekommen würde. Shelley sagte, sie habe keine Zeit, um mit mehr als den Anforderungen ihres Lebens klarzukommen.

Als ich ihr die Hieroglyphen vorschlug, war Shelley skeptisch. "Wenn ich morgens kaum Zeit zum Schminken habe", sagte sie, "woher soll ich da noch Zeit für solche Kritzeleien nehmen?"

"Mach es zwei Wochen lang", sagte ich. "Ich weiß, das fühlt sich an, als würde es das Fass zum Überlaufen bringen, aber es wird helfen, du wirst sehen."

Widerstrebend willigte Shelley ein, an vier Tagen in der Woche jeweils zwanzig Minuten lang Aufzeichnungen zu machen. Ich glaube, sie stimmte nur zu, weil sie sich schon jetzt darauf freute, mir zu sagen, dass es nicht funktionierte. Die Leute lieben es, kundtun zu können: "Ich habe es dir doch gleich gesagt."

Aber Shelley fand keinen Grund dazu.

Eine von Shelleys größten Ängsten war, nicht der Mensch zu sein, der sie eigentlich sein sollte, und da sie so wenig Zeit hatte, konnte sie nie zu diesem Menschen werden – einfach weil sie zu gestresst war.

"Als ich die Hieroglyphen-Übung machte", sagte sie, "wurden meine Sorgen leichter, das Chaos flaute ab. Plötzlich wurde mir klar: Wenn ich die volle Verantwortung für mein Leben übernehme, dann wird sich alles Weitere daraus ergeben. Die Hieroglyphen haben mich gezwungen, mich mit meinen Gefühlen zu beschäftigen, und haben mir ein ehrliches Fundament gegeben, von dem aus ich arbeiten kann."

Mit ihren Aufzeichnungen konnte Shelley auf diesem Fundament aufbauen. "Ich hatte noch nie so eine Klarheit, genau zu wissen, was ich tun muss", sagte Shelley. "Ich vermute, ich wusste es die ganze Zeit, aber erst die Hieroglyphen haben mir das alles klargemacht."

Jedes Mal, wenn Shelley Aufzeichnungen machte, fand sie, es war wie "einen Muskel zu trainieren, der nur darauf wartet, benutzt zu werden". Das Wissen, dass jeder Verantwortung für sein Leben übernehmen muss, gab ihr den Ansporn, etwas zu unternehmen. Shelley konnte zurückblicken, die Gegenwart ausschöpfen und sich die Zukunft ausmalen. Sie wusste jetzt, was sie wollte.

Mit der Deutung ihrer Hieroglyphen kamen große Veränderungen in Shelleys Leben. Mit neuem inneren Frieden und neuer

Bewusstheit kündigte sie ihren Job und machte sich selbstständig, und kurz darauf begann sie eine Beziehung, die bis heute anhält. Shelley führt weiter Aufzeichnungen, auch wenn sie kein "Chaos" mehr in ihrem Leben empfindet. Sie vertraut darauf, dass die Offenbarungen aus ihren Hieroglyphen ihr weiterhin Klarheit schenken. Shelley hatte nie Grund, mir zu sagen: "Ich habe es dir doch gleich gesagt", und sie freut sich sehr darüber.

Häufig höre ich Klagen wie: "Ich stecke fest." Persönliche Hieroglyphen sind ein guter Weg, um sich wieder freizuschaufeln, allerdings habe ich festgestellt, dass *Umgekehrte Hieroglyphen* dafür sogar noch besser geeignet sind. Einfach ausgedrückt: Wenn Sie Rechtshänder sind, schreiben Sie mit links beziehungsweise umgekehrt.

Aber das geht so langsam, beschweren die Leute sich dann, außerdem wird es schluderig, und das Ergebnis sieht einfach kindisch aus. Dann nicke ich und sage. "Genau das ist der Sinn."

Manchmal müssen wir einen Gang zurückschalten. Die normalen Hieroglyphen sind allein schon sehr wirkungsvoll, aber manchmal müssen wir unser inneres Kind herauslassen. Kinder sehen oft viel klarer als Erwachsene. Ein kleiner Junge war es, der dem Kaiser sagte, dass er keine Kleider trug, während die Erwachsenen seine prachtvollen Gewänder priesen.

Seien Sie mit Ihrer nichtdominanten Hand ein Kind. Lassen Sie Ihren Geist frei sein. Erlauben Sie sich jugendliche Unbekümmertheit mit Ihrer heiligen Schrift. Sehen Sie sich an, was Ihr inneres Kind alles weiß, was aber von all den Äußerlichkeiten des Erwachsenenlebens überdeckt wird. Wenn Sie den Erwachsenen von der Leine lassen, ergeben sich oft vielerlei Einsichten. Die Leute sind erstaunt, wie anders ihre Gefühle sind, wenn sie von ihrer dominanten zu ihrer nichtdominanten Hand wechseln.

Tim ist ein Klient, der sagt, er habe "eine tolle zweite Kindheit", seit er mit der umgekehrten Methode angefangen hat. Den Umgekehrten Hieroglyphen schreibt er es zu, dass er ein Kind herauslassen konnte, das lange unter Verschluss gehalten worden war.

"Ich war bereit zu spielen", sagte Tim, "aber ich wusste es gar nicht."

Viele Klienten erzählen mir (meist mit einem Kichern - was für ein wunderbarer Laut!) Geschichten über ihr neues Verhalten und wie sie begonnen haben, zu schaukeln, mit den Fingern zu malen und am Strand Sandburgen zu bauen. Tim sagte mir, dass er dank seiner Aufzeichnungen plötzlich den Drang hatte zu malen. Nachdem er seine Garage "farbgesichert" hatte, zog Tim sich die Schuhe aus und sprang mitten hinein - wortwörtlich! Er benutzte große Pinsel und hatte unglaublichen Spaß, mit der Farbe herumzuklatschen. Tim gefiel das Malen so sehr, dass er einen Termin für unsere ganze Klasse organisierte. Neun Erwachsene wurden wieder zu Kindern. Wir hatten so viel Spaß!

Lassen Sie Ihr Kind sprechen. Lassen Sie Ihr Kind frei herumrennen. Wenn Sie noch nie weggelaufen sind und sich einem Zirkus angeschlossen haben, ist das Ihre Chance. Manche Leute stellen fest, dass ihre Fantasie mit dieser Art zu schreiben ungeahnte Höhenflüge erreicht. Vermissen Sie die Begeisterung Ihrer Jugend? Dies ist ein Weg, um sie wiederzufinden.

Die heilige Schrift der Hieroglyphen

Akzeptieren Sie heilende Wahrheiten

1. Halten Sie einen oder mehrere Stifte griffbereit (manche Leute mögen Farben, anderen sind solide Textmarker lieber, wieder andere wollen ein Schreibgerät, bei dem die Tinte nicht von der Schwerkraft beeinflusst wird). Außerdem brauchen Sie ein praktisches Notizheft, das Ihren Gedankenfluss nicht behindert.

2. Suchen Sie sich einen ruhigen Ort, wo Sie nicht abgelenkt werden. Es soll nichts zwischen Sie und Ihre Hieroglyphen kommen.

3. Verpflichten Sie sich anfangs zu drei Übungen pro Woche. Ich empfehle Ihnen, zuerst zwanzig Minuten pro Übung nicht zu überschreiten.

4. Denken Sie nicht, Sie müssten einen Plan einhalten oder irgendeinen Durchbruch erzielen. Setzen Sie sich ruhig hin, und lassen Sie die Gefühle kommen. Das Wichtigste ist, sich ehrlich auszudrücken, ohne das Geschriebene zu verbessern. Der hier

wichtige Einstieg (eine tolle Art, die Dinge zum Fließen zu bringen) lautet: "Ich fühle ..."

5. Beachten Sie: Hier geht es nicht ums Denken, sondern ums Fühlen. Schreiben Sie nicht über das Ereignis, sondern konzentrieren Sie sich auf das Gefühl. Wenn Sie eine Blockade spüren, beginnen Sie zu kritzeln. Bewegen Sie Ihre Hand, und bringen Sie den Stift aufs Papier.

6. Denken Sie nicht daran, sich selbst zu verbessern oder sich etwas aus Ihrem Geschreibsel zusammenzureimen. Deshalb heißt es ja Hieroglyphen und nicht Tagebuch. Hier geht es um Gefühle und darum, ein Ventil dafür zu finden. Wundern Sie sich nicht, wenn bei Ihren Bohrungen Gefühle an die Oberfläche schwappen. Gestatten Sie sich die Freiheit, böse, traurig, verängstigt, glücklich, ärgerlich, froh oder verletzt zu sein. Wenn sich diese emotionalen und psychologischen Blockaden auf diese Weise lösen, wird sich der Griff der Angst in Ihrem Leben lockern, und Sie werden frei sein!

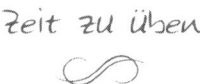

P. S.

Bevor Sie sich Ihre heilige Schrift – die richtige Bedeutung von Hieroglyphen – genauer ansehen, erlauben Sie Ihren Gefühlen zuerst abzuflauen. Überlegen Sie, wie Sie sich vor der Übung gefühlt haben und wie jetzt. Wenn Sie mit Ihren Gefühlen arbeiten, werden Sie sich selbst immer besser verstehen können. Schwere Entscheidungen werden aufgrund Ihrer höheren Bewusstheit einfacher. Angst relativiert sich, Sorgen werden kleiner.

Zweifeln Sie nicht, dass Ihre Hieroglyphen die Kurzschrift zu Ihrer Seele sein können. Lassen Sie Gefühle zu, und Sie werden

Antworten finden, die Ihnen früher entgangen sind. Mit dieser Methode werden Sie den Rosettastein zu Ihrem wahren Selbst finden.

Umgekehrte Hieroglyphen
Lassen Sie den Erwachsenen von der Leine, und befreien Sie Ihr inneres Kind

1. Machen Sie es sich mit allen Utensilien an einem ruhigen Ort gemütlich. Da Sie mit dieser Methode Ihr inneres Kind zum Vorschein kommen lassen, machen manche Leute ihre Aufzeichnungen lieber mit Buntstiften auf großem Zeichenpapier.

2. Denken Sie daran, Ihre nichtdominante Hand zum Schreiben und Zeichnen zu benutzen. Keine Schummeleien! Seien Sie nicht ungeduldig, weil plötzlich alles länger dauert. Das langsamere Tempo ist Teil dieses Prozesses.

3. Kurbeln Sie die Pumpe nötigenfalls erst einmal an. Beginnen Sie mit den Worten: "Ich fühle ..."

4. Eventuell fühlen Sie sich wegen der ungewohnten Hand gehemmt. Lassen Sie sich gehen und fangen Sie einfach an zu schreiben. Legen Sie los und lachen Sie über Ihre "Klaue"! Kinder lieben es zu spielen, also stellen Sie sich das Ganze als Spiel

vor. Ein Teil dieses Prozesses ist es, sich mit Ihrem lange verbannten inneren Kind zu verbinden.

5. Dieses "lustige" Geschreibsel – vielleicht sogar mit noch "lustigeren" Bildern (wenn Sie dazu Lust haben) – kann eventuell alte Gefühle und Erinnerungen auslösen. Unterdrücken Sie diese Gefühle nicht. Dinge unter Verschluss zu halten, kostet Energie. Befreien Sie sich von den Fesseln der Vergangenheit, und streifen Sie die Ketten ab, die Sie noch festhalten.

6. Wundern Sie sich nicht, wenn die Hieroglyphen der nichtdominanten Hand sogar noch mehr offenbaren als die der dominanten Hand. Ihre entgegengesetzte Hand wurde nicht so sehr geschult – das heißt unterjocht – wie Ihre dominante. Das führt oft zu viel mehr Ausdrucksfreiheit.

Vielleicht beschließen Sie ja auch, von einer Hand zur anderen zu wechseln. Das kann ein sehr positiver Integrationsprozess sein, der einen Dialog zwischen Ihrer kindlichen und erwachsenen Seite ermöglicht. Wenn Sie sich danach Ihre Hieroglyphen anschauen, können Sie die Gedanken der dominanten und nichtdominanten Hand gut erkennen. Falls Sie sich mit einer bestimmten Angst befassen müssen, benutzen Sie doch einmal beide Hände und interpretieren Sie dann die Ergebnisse.

Wenn Sie Klarheit in Ihrem Leben suchen und mit Ihrer Angst zurechtkommen wollen, werden Sie feststellen, dass nur wenige Methoden bessere Antworten liefern als Ihre eigene heilige Schrift.

Zeit zu üben

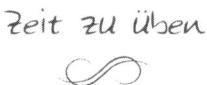

Am meisten fürchten die Menschen sich vor einem
neuen Schritt, vor einem eigenen neuen Wort.
— FJODOR DOSTOJEWSKI

Kapitel 6

Das Modediktat:

Modeängste und mehr

Es könnte einem fast trivial vorkommen, inmitten so vieler
drängender Probleme über Modeängste zu sprechen. Aber die
Wahrheit ist, dass Kleidung und Farben einen großen Einfluss auf
Ihr Leben haben. Oft spiegeln die Farben, die Sie tragen, wider,
was gerade in Ihrem Leben geschieht. Kleidung und Farben zusammen können eine Ursache-Wirkung-Beziehung haben, die viele
Bereiche Ihres Lebens beeinflusst. Die meisten Menschen wollen
nicht glauben, dass ihr Erfolg oder Scheitern an einem Look oder
einer Farbe hängen kann, aber häufig ist genau das der Fall.

Früher habe ich für Berufstätige zahlreiche Seminare zum
Thema Farben gegeben. Die anfängliche Reaktion meines Publikums war eine Körpersprache, die laut und deutlich kundtat: "Ver-
schwende hier nicht meine Zeit." Allerdings hörten die Leute
dann wieder genauer zu, wenn ich Beispiele anführte, wie Menschen auf Farben reagieren. Clubmanager begriffen schnell, welchen Nutzen bestimmte Farben in Restaurants haben. Da Gäste,

die sich wohlfühlen, gerne länger bleiben, erkannten die Manager, dass beim Einsatz der richtigen Farben mehr Desserts und Aperitifs bestellt werden. Ganz ähnlich hatten auch Juristen kein Interesse an meiner Botschaft, bis ich ihnen demonstrierte, dass ihr Aussehen positive und negative Reaktionen zur Folge hatte und entscheidend sein konnte, um einen Fall zu gewinnen oder zu verlieren. Ich erklärte den Anwälten, dass unsere Kommunikation zum Großteil nonverbal ist, weshalb sie sich einen unpassenden Look nur schlecht leisten können.

Auf meinen Vorträgen hielt ich immer nach den beiden größten Skeptikern Ausschau (meist Männer, die unweigerlich die Augen verdrehten oder den Kopf schüttelten) und bat sie auf die Bühne. Es waren Männer, die von ihrer eigenen Wichtigkeit überzeugt waren und glaubten, dass die Leute auf sie reagierten und nicht auf ihre "Farbe". Sie waren sich sicher, dass andere sie respektierten und positiv auf sie reagierten – egal, was sie trugen. Es dauerte nicht lange, bis sie eines Besseren belehrt wurden.

Vor ihren Kollegen legte ich ihnen die falschen Farben an, und die Reaktionen und das Gelächter kamen postwendend. Das Publikum reagierte immer, als hätte ich den Kandidaten ein Clownskostüm verpasst statt nur die falschen Farben. Man weiß einfach, was an anderen falsch aussieht. Allerdings fällt es Menschen nicht ganz so leicht, eigene Mode- und Farbfehler zu erkennen. Ein wichtiger Grund dafür ist: Ihr Äußeres sollte Ihr Inneres widerspiegeln. Wenn Sie noch mitten in Ihrer Selbsterkenntnis stecken, zeigt sich das wahrscheinlich auch in Ihren Farben und Ihrer Garderobe.

Ehemänner sind immer perplex, wenn ihre Frau sagt: "Ich habe nichts anzuziehen." Sie finden das albern, weil sie wissen, dass ihre Frau den Schrank voller Klamotten hat. Aber so widersprüchlich ihre Aussage klingt, die Frau könnte durchaus recht haben. Man kann modeverrückt sein, aber trotzdem keinen Sinn für Kleidung haben.

Die meisten von uns lernen durch Beispiele. In der Mode ist das allerdings nicht besonders vorteilhaft. Nur wenige Menschen, die ich kenne, wollen sich wie ihre Eltern anziehen. Und wenn Sie versuchen, Trends zu folgen, die von Models und Stars verkörpert werden, dann wird dieser Look Ihnen wahrscheinlich nicht stehen.

Dann ist da noch das Problem mit der richtigen Farbauswahl. Die meisten Geschäfte haben Neonbeleuchtung, bei der man nur erahnen kann, wie die Kleidungsstücke wirklich aussehen. Bevor Sie etwas kaufen, müssen Sie sich die Sachen entweder bei Tageslicht ansehen oder sich sicher sein, dass das Geschäft kulant mit Rückgaben ist.

Da ich jahrelang als Farb- und Image-Spezialistin gearbeitet habe, erhielt ich im Laufe der Zeit so einige "Mode-Notrufe". Meine Klientin Kimberly rief mich an ihrem Geburtstag an. Sie schluchzte und sagte, sie sehe "absolut daneben" aus (womit sie fett und unattraktiv meinte). Kimberly sagte, sie habe wenig Selbstwertgefühl und sei sehr verletzlich. Ihr Schlüsselerlebnis war der Versuch, sich in eine enge schwarze Jeans zu quetschen. Um ihren Geburtstag zu feiern, hatte sie sich mit einer Freundin zum Country Dancing verabredet, aber die Jeans versetzte sie in Panik. Ich war einverstanden, Kimberly zu helfen, ihre Garderobe einer Frühjahrskur zu unterziehen.

"Hör zu", beruhigte ich sie, "das wird uns beiden Spaß machen. Wir werden zusammen alle Farben des Regenbogens erkunden. Und was findest du am Ende des Regenbogens?"

"Einen Topf voll Gold", schniefte Kimberly.

"Dann nichts wie los", sagte ich.

"O-Okay", antwortete eine zittrige Kimberly.

Zu meinen Grundregeln gehört, dass es bei Farben kein Schwarz oder Weiß gibt. Farben vermitteln unterschiedliche Botschaften und geben unterschiedliche Arten von Energie ab. Wenn ich vor großen Gruppen spreche, sage ich häufig: "Okay, alle, die heute Morgen so richtig müde waren, bitte aufstehen." Fast alle Frauen, die aufstehen, tragen Rot; sogar die Männer, die aufstehen, haben unweigerlich irgendwo in ihrer Garderobe einen Platz für etwas Rotes gefunden. Sie alle haben instinktiv Rot gewählt, weil es mehr Energie vermittelt als jede andere Farbe.

Unbewusst reagiert jeder auf Farben. Experimente haben gezeigt, dass Farben den Blutdruck, die Atmung, die Augenbewegungen, die Körpertemperatur, die Stimmung und die Drüsentätigkeit beeinflussen. Experimente von Dr. Alexander Schauss vom American Institute of Biological Research haben gezeigt, dass Farben das Erste sind, was das Gehirn wahrnimmt. So erstaunlich das klingt, bewies Dr. Schauss auch, dass sogar Blinde auf Farben reagieren. Er theoretisierte, dass Neurotransmitter im Auge sogar bei nicht vorhandener Sehkraft Informationen über Licht und Farbe an das Gehirn senden und dass diese Informationen ein Hormon im Hypothalamus freisetzen, das unsere Stimmung, unsere geistige Klarheit und unser Energieniveau beeinflusst. Außerdem stellte Dr. Schauss die Theorie auf, dass Farben diese Wirkung haben könnten, weil sie durch elektromagnetische Wellen, die in den Körper eindringen, ihre eigene Form von Energie aussenden.

Aber man muss kein Wissenschaftler sein, um die Macht der Farben zu erkennen. Unsere Alltagssprache ist voller kunterbunter Ausdrücke. Wenn wir naiv sind, *sind wir blauäugig,* wenn wir wütend sind, *sehen wir rot,* wenn wir eifersüchtig sind, sind wir *gelb vor Neid,* wenn wir unsicher sind, bewegen wir uns in einer *Grauzone,* wenn wir jemanden nicht mögen, *ist er uns nicht grün,* wenn wir verliebt sind, sehen wir alles *rosarot,* und wenn wir negativ eingestellt sind, *sehen wir schwarz.* Kermit der Frosch sang: "Es ist nicht leicht, grün zu sein."

Farben sprechen zu uns. Donna A. Favors schrieb: "Ein Bild mit vielen Farben kündet von vielen Gedanken." Wir lesen diese Gedanken, wenn wir Bilder betrachten oder die Farben sehen, mit denen Menschen sich schmücken. Rosa zum Beispiel ist eine zärtliche Farbe, Grün spendet Hoffnung und gibt neue Energie, Schwarz vermittelt Autorität und Macht, Rot macht aktiv und

Gelb regt zum Lernen an. Jede Farbe des Regenbogens sagt uns etwas.

Als ich Kimberly in ihrem Haus aufsuchte, trug sie grau in grau – fast als wäre sie auf ihrer eigenen Beerdigung.

"Farben vibrieren", sagte ich ihr. "Farben machen Spaß. Wenn du richtig mit Farben umgehst, ist das ganz köstlich, als würdest du genau das richtige Eis essen, das perfekt schmeckt, beschaffen ist und aussieht."

Kimberly blickte mich skeptisch an.

"Es stimmt wirklich", sagte ich. "Mark Twain schrieb, dass der Unterschied zwischen dem richtigen Wort und dem beinahe richtigen der gleiche ist wie zwischen einem Blitz und einem Glühwürmchen. Genauso ist es mit Farben auch. Wenn du mit deiner Kleidung danebenliegst, liegst du richtig daneben."

Ich erzählte ihr, dass ich früher als führende Mitarbeiterin der Handelskammer von Seattle tagtäglich mit Geschäftsführern zu tun gehabt hatte. Mein Ex-Mann sah meine Klientel und beschloss ohne mein Wissen, ich bräuchte ein ähnliches Outfit wie die langweiligen grauen Anzüge, die die Geschäftsführer alle trugen. Zum Geburtstag schenkte er mir einen teuren grauen Hosenanzug mit violetter Seidenbluse und Rosettenschleife. Ich wusste beim ersten Hinsehen, dass die Farben komplett falsch für mich waren, aber da ich ihn nicht enttäuschen wollte, trug ich das Outfit pflichtbewusst zur Arbeit. An dem Tag fragten mich alle, ob ich krank sei.

Der insgeheime Nutzen dieses Outfits lag darin, dass ich immer, wenn ich einen Krankentag haben wollte, einfach nur diesen grauen Anzug tragen musste. Die Leute brauchten mich nur anzusehen und bestanden sofort darauf, dass ich wieder nach Hause fuhr. Immer wenn ich einen Tag für mich brauchte, zog ich mir meinen *Krankenanzug* an und bekam garantiert Urlaub. Ich schickte meinen Krankenanzug in Rente, als ich anfing, selbstständig zu arbeiten, aber er brachte mir wertvolle Erkenntnisse, wie Farben Meinungen sowohl positiv als auch negativ beeinflussen. An

Tagen, wenn ich mich nicht hundert Prozent fühle, öffne ich meinen Kleiderschrank und hole ein Outfit heraus, das mir mit seinen Farben den dringend gebrauchten Energieschub liefert. Meine Lieblingsformeln dafür sind Pfirsich, sanftes Petrol oder Bronze. Die Leute reagieren ausnahmslos positiv auf diese Farben und sagen mir, wie fröhlich und festlich ich aussehe. Die Farben übertragen ihre Energie auf andere und mich. Ich fühle mich sofort besser und werde in gewissem Sinne zu diesen Farben.

Kimberly nickte zu meinen Worten und den Farben, die ich ihr ausmalte. "Okay", sagte ich, "Zeit, dass wir deinen Kleiderschrank mal genauer unter die Lupe nehmen."

Sie führte mich zu ihrem begehbaren Kleiderschrank, und ich sagte: "In Ordnung, hol alles heraus, was du letztes Jahr nicht getragen hast."

Als Kimberly fertig war, war ihr halber Schrank leer.

"Als Nächstes möchte ich, dass du alles aussortierst, was dir nicht mehr passt", sagte ich ihr. Und um ihre Laune zu bessern, fügte ich hinzu: "Du kennst die alte Moderegel, oder? Wenn es nicht mehr passt, ist es hässlich."

Kimberly lachte und begann mit dem Aussortieren. Während sie damit beschäftigt war, erklärte ich ihr, dass es wichtig war zu akzeptieren, wo sie körperlich gerade stand. "Wenn du dich in eine Hose quetschst, die dir zu klein ist", sagte ich, "wirst du die ganze Zeit über gereizt sein. Was für ein Feedback ist das? Man glaubt gerne, dass einen das zum Abnehmen motiviert, dabei nervt es einfach nur."

Kleidung spiegelt oft unsere Angst wider, wie wir wirklich sind. Es ist Angst vor der Realität: Vielleicht sind wir schwerer, als uns lieb ist, oder das Gesicht, das uns entgegenblickt, sieht älter aus, als wir es gerne hätten. Doch die Waage oder den Spiegel zu verleugnen, wird Ihre Lage nicht verbessern – ganz im Gegenteil.

"Ich habe einmal mit einer sehr wohlhabenden Frau gearbeitet", erzählte ich Kimberly, "die mich bat, ihre Garderobe aufzufrischen.

Beim Blick in ihre Schränke wunderte ich mich, dass sie viele Outfits in drei unterschiedlichen Größen hatte. Diese Frau konnte nicht ausstehen, dass sie zugenommen hatte. Sie wollte nicht die Vision loslassen, wie sie in der Vergangenheit ausgesehen hatte. Aber jede Garderobe muss im Hier und Jetzt beginnen."

Als Kimberly mit dem Aussortieren fertig war, waren zwei Drittel ihres Schrankes leergeräumt. "Alle diese Sachen", informierte ich sie, "werden wir einer Hilfsorganisation deiner Wahl spenden."

Wie die meisten Leute war Kimberly entsetzt. "Diese Sachen haben viel Geld gekostet", sagte sie.

"Da bin ich mir sicher. Deshalb stell dir einfach die Leute vor, die sie tragen und lieben werden."

"Aber an ein paar Sachen hänge ich gefühlsmäßig", protestierte Kimberly.

"Halte an der Liebe fest", sagte ich, "aber lass die Sachen gehen."

Kimberly war immer noch nicht überzeugt, daher erzählte ich ihr von einem Mann, den ich scherzhaft Gentleman Gene nannte. Irgendwie hatte Gene es mit vierzig Jahren geschafft, noch Single zu sein – aber nicht, weil er sich noch austoben wollte. Der Großteil seiner Garderobe bestand aus Kleidung, die ehemalige Freundinnen ihm geschenkt hatten. Als ich ihm sagte, dass praktisch alle seine Klamotten gehen mussten, war er so entrüstet wie Kimberly. Am Ende unserer Termine lachte er allerdings immer, besonders wenn ich (gewöhnlich mit Daumen und Zeigefinger) ein fragwürdiges Objekt hochhielt und sagte: "Die muss eine interessante Frau gewesen sein."

"Die Sache mit Gene", sagte ich zu Kimberly, "ist, dass er ein sehr erfolgreicher Finanzberater war, aber sein Geschäft ausweiten und anfangen wollte, Seminare zu geben. Gene erkannte, dass er ein Image ausstrahlen musste und sich dabei nicht auf den Geschmack seiner Freundinnen verlassen konnte. Wir mussten herausfinden, wer er war, was er sagen wollte und welche Farben und welcher Stil das vermittelten. Ich teilte ihm mit, dass er mit einer Garderobe auf dem neuesten Stand auch in seinem Beruf so wahrgenommen würde. Als Gene erkannte, dass ich recht hatte, verstand er, dass neue Kleidung eine gute Investition in sich und seine Karriere sein würde."

"Gentleman Gene hört sich an, als hätte er genug Geld für Mode zu verheizen", sagte Kimberly. "So einen Luxus kann ich mir nicht leisten."

"Du brauchst nicht reich zu sein, um gut auszusehen", sagte ich. "Man kann mit jedem Budget einen tollen Look zaubern." Und mit französischem Akzent fügte ich hinzu: "Ab und zu kaufe ich einigen Klienten ihre französische Lieblings-Couture bei *Jacque Penné.*"

Kimberly brauchte einen Moment, bis sie begriff, dass ich von dem preiswerten Anbieter J. C. Penneys sprach. Außerdem erklärte ich ihr, dass *der Erfolg eines Outfits nicht dadurch bestimmt wird, wie teuer es ist, sondern dadurch, wie wirkungsvoll es farblich und stilmäßig zusammengestellt ist.* Sicherlich ist die Qualität in teureren Läden besser, aber auch in Läden wie *Jacque Penné* lässt sich ein dynamisches Image kreieren.

Ich habe schon früh gelernt, dass man modisch sein kann, ohne eine Bank zu überfallen. Meine Mutter brachte mir bei: Solange man Fantasie hat, ist es egal, ob man knapp bei Kasse ist. Ich war eines von sechs Kindern, und obwohl die Familie nur wenig Geld für Kleidung übrig hatte, fehlte es niemandem von uns je an modischen Sachen. Mom hielt immer die Augen für Schnäppchen, attraktive Details und passende Accessoires offen.

Für den Abschlussball an meiner Highschool schneiderte meine Mutter mir mein Ballkleid. Ich hatte andere Mädels über ihre Outfits reden hören und wusste, dass viele in schicken Läden wie Saks Fifth Avenue Unmengen von Geld für ihre Kleider ausgegeben hatten. In solchen Luxusgeschäften konnten wir nicht einkaufen, aber ich hatte etwas viel Besseres: eine Mom, die etwas von Mode verstand und wollte, dass ihre Tochter einen Glanzauftritt hatte. Wie sich herausstellte, kamen einige Mädels mit dem gleichen teuren Kleid auf den großen Ball, wohingegen mein Kleid einzigartig und atemberaubend schön war. Die Kreation meiner Mutter – die wahrscheinlich ein Zehntel der meisten anderen Kleider gekostet hatte – machte mich zur Ballkönigin. Ich weiß aus Erfahrung, dass man auch mit einem Billig-Budget toll aussehen kann.

Als Kimberly und ich shoppen gingen, begann sie einzusehen, dass hochmodisch nicht hochpreisig sein muss. Wir suchten ihre Kleidung auf der Grundlage ihrer idealen Farben und ihres persönlichen Stils aus. "Wenn es um Kleidung geht", riet ich ihr, "geh nicht auf Nummer sicher, sondern sei du selbst."

Schon oft habe ich gesehen, wie Kleidung und Farben sich selbst bewahrheiten können. Einige Menschen haben nicht das Selbstvertrauen, so zu sein, wie sie wirklich sind. Vielleicht haben Sie schon einmal den Spruch gehört: "In jedem dicken Menschen steckt ein dünner, der darum kämpft, zum Vorschein zu kommen." Bei Kleidung ist das praktisch genauso: Oft kämpft der richtige Look darum, zum Vorschein zu kommen.

Mit meinem Farblexikon – einem wertvollen Leitfaden, um die idealen Farben für sich herauszufinden – analysierte ich Kimberly, und wir legten ihren Stil fest. Sie war modern mit einem Hauch Raffinesse. Ich hatte mich zu Kimberlys Farbwahl nie geäußert, aber normalerweise trug sie immer Orange und Gelb, Farben, die nicht mit ihrem Teint harmonierten. Ich erklärte ihr, dass sich laut Dr. Robert Dorrs Studien alle Farbschattierungen in zwei Gruppen aufteilen lassen und sie in der Pigmentierung entweder ins Bläuliche oder Gelbliche gehen. Eine einzelne Farbe kann ihm zufolge Schattierungen haben, die in eine der beiden Kategorien fallen; die Farbe Rot zum Beispiel kann ein Feuerwehrrot mit gelbem Unterton sein oder ein Kirschrot mit blauem Unterton. Innerhalb einer Kategorie sind diese Untertöne harmonisch, aber wenn sie miteinander kombiniert werden, gibt es Misstöne. Dr. Dorr entdeckte, dass unsere Hautfarbe hauptsächlich bläuliche oder gelbliche Untertöne hat. Kimberly fiel mit ihrer natürlichen Hautfarbe ganz klar in die bläuliche Kategorie.

Mit ihrem neuen Wissen über Farbgebung verstand Kimberly, warum ich sie in Richtung Fuchsia, Kobalt und Petrol lenkte. Als sie sich die Farben anhielt, sah Kimberly, wie gut sie ihr standen. Aber die richtigen Farben auszuwählen war nicht alles. Kimberly war an enge Kleidung gewöhnt, aber nachdem sie Sachen anprobiert hatte, die ihrer Silhouette schmeichelten, erkannte sie, dass eng ihr gar nicht stand.

Während unserer Einkäufe erzählte ich ihr von meiner Zeit als Anwaltsberaterin. "Schon bevor Reese Witherspoon in *Natürlich Blond* von der Modeschule nach Harvard ging", sagte ich, "lehrte ich an einer juristischen Fakultät Imageberatung für Gerichtssäle. Keiner drehte und wand sich mehr als die Juristen, wenn ich sie in Scheinverhandlungen auf ihre modischen Fehltritte hinwies. Das Bild, das sie von sich selbst als Anwälte hatten, passte nicht zu dem Look, den sie später auf ihrer Videoaufnahme sahen."

Ein paar Jahre lang wurde ich häufig von Anwälten zurate gezogen; manchmal ging es nicht um sie selbst, sondern um einen Klienten. Allerdings nahm ich keine Aufträge mehr an, nachdem ich festgestellt hatte, dass sich einfach zu viele Anwälte und ihre Klienten "in Schale werfen" wollten, ohne sich die sehr wichtige Frage zu stellen, wer sie in ihrem Inneren wirklich waren. Denn genau das bestimmt mehr als alles andere, was Sie tragen sollten.

Kimberly fand die Mode und Farben, die zeigten, wer sie war. Ihre Freunde und Kollegen äußerten sich sofort zu ihrem "neuen Image". Aber es war nicht *nur* ein neues Image, es war ihr richtiges Image. Kimberly fühlte sich wohl mit ihrer Kleidung und ihren Looks, und ein Erfolg führte zum nächsten.

Das "Kronjuwel" unter Kimberlys Neuzugängen war ein wunderschönes Tweed-Kostüm von St. John. Als ich Kimberly fragte, wie es angekommen war, gab sie kleinlaut zu, dass es ihren Schrank bis jetzt noch nicht verlassen hatte. Als ich nachbohrte, was der

Grund dafür war, gestand Kimberly. "Ein Teil von mir fühlt sich nicht würdig, es zu tragen."

Wir sahen uns diese Gefühle genauer an. Wie so viele andere Leute hatte auch Kimberly Angst, richtig gut auszusehen. Es kam ihr einfach nicht "natürlich" vor. Manchmal sehen Menschen nicht deshalb mittelmäßig aus, weil sie keinen Sinn für Farbe oder Mode haben, sondern weil sie nicht das Selbstvertrauen haben, sich im besten Licht zu zeigen. Sie sind lieber Mauerblümchen, weil sie Angst haben. Ich sagte Kimberly nachdrücklich, dass sie ein wunderbarer Mensch war und es Zeit war, dass jeder (sie eingeschlossen) ihre innere und äußere Schönheit sah.

Kimberly nahm das Kostüm aus dem Schrank und hängte es an die Tür, so dass es nicht zu übersehen war und sie begann, sich vorzustellen, es zu tragen. Kurz darauf fand sie den Mut, es auszuführen. Natürlich waren alle begeistert, wie toll es an ihr aussah. Mit ihrem neu entdeckten Selbstvertrauen trat Kimberly den Weight Watchers bei und nahm die fünfzehn Kilo ab, die sie schon immer hatte verlieren wollen. Und auch mit ihrer Karriere ging es von da an steil aufwärts.

So sehr, wie ihr Leben sich gewandelt hat, bezeichnet Kimberly sich jetzt lachend als das "Nachher-Bild". Kürzlich meinte sie zu mir: "Du hast mir nie gesagt, dass das, was ich vorher trug, aussah wie gehackte Leber."

"Ich sage lieber, es war eine interessante Pastete", meinte ich.

Yves Saint Laurent sagte einmal: "Mode kommt und geht, Stil ist unvergänglich." Welche Farben und Styles warten bei Ihnen nur darauf, zum Vorschein zu kommen? Fühlen Sie sich mit Ihrem Look wohl? Ich empfehle Ihnen, sich einen Modeberater zu suchen, dem Sie vertrauen, aber wenn das nicht machbar ist, können Sie auch einfach die folgende Methode anwenden, um die richtigen Farben und den passenden Stil zu finden und Ihre Modeängste zu besiegen. Denn am Ende des Regenbogens wartet wirklich ein Topf voll Gold!

Am Ende des Regenbogens
Bringen Sie Ihre Einzigartigkeit zum Ausdruck

1. Holen Sie Ihr Lieblingsoutfit aus dem Kleiderschrank. Normalerweise hat es sowohl die *richtige Farbe* als auch den *richtigen Stil*.

2. Suchen Sie gleichzeitig auch das Outfit heraus, das Ihnen am wenigsten gefällt. Es hat wahrscheinlich die *falsche Farbe* und den *falschen Stil*.

3. Nehmen Sie Ihre drei Lieblingsfarben heraus. Suchen Sie bei der Auswahl gleichzeitig auch die drei Farben heraus, die Sie am wenigsten mögen.

4. Sehen Sie sich diese Farben im Spiegel an, und beobachten Sie, wie Sie sich fühlen. Fühlen Sie sich energiegeladen und lebendig, oder sind Sie blass und müde? Wählen Sie dann aufgrund Ihrer Beobachtung die Farben, die richtig für Sie sind, und legen Sie den Rest beiseite.

5. Erstellen Sie zwei Ordner; nennen Sie den ersten Ordner FARBE und den zweiten STIL. Machen Sie es sich zur Gewohnheit,

durch Zeitschriften zu blättern und Farben und Styles herauszusuchen, die Ihnen gefallen. Nehmen Sie sich dafür Zeit. Nach
ein oder zwei Monaten sollten Sie schon einen guten Sinn dafür
haben, was sich für Sie richtig anfühlt und was nicht.

6. Nachdem Sie Ihre Ordner mit Farben und Styles gefüllt haben,
vergleichen Sie Ihre Wahl mit dem Inhalt Ihres Kleiderschrankes. Lassen Sie eine/n zuverlässige/n Freund/in mit gutem Gespür für Mode Ihre Auswahl begutachten. Fragen Sie, ob die
ausgewählten Sachen Ihnen stehen würden. Tragen Sie sie, beobachten Sie, wie Sie sich darin *fühlen*, und entscheiden Sie
dann, ob Sie sie behalten.

7. Gehen Sie in Geschäfte, aber ohne die Absicht, etwas zu kaufen.
Das sind Ihre "Probeläufe". Sehen Sie sich an, was es alles gibt.
Wenn die Läden Tageslicht haben, umso besser. Lernen Sie den
Alleingang: Probieren Sie in den Geschäften ein paar Sachen
an, und versuchen Sie, objektiv einzuschätzen, was Ihnen gefällt
und was nicht. Nach ein paar dieser Trips werden Sie bereit sein,
den Sprung zu wagen. Kaufen Sie ein Outfit. Es sollte sich innerlich richtig anfühlen und äußerlich richtig aussehen.

8. Analysieren Sie das Feedback, das Sie bekommen. Beachten
Sie, dass einige Komplimente besser (oder schlechter) sind als
andere. Wenn zum Beispiel jemand sagt: "Dein Top ist toll",
dann ist das nicht gleichbedeutend mit: "Es steht dir super."
Ersteres ist ein Kompliment für ein Kleidungsstück, sagt aber
im Grunde nicht, dass es für Sie richtig ist. Die zweite Aussage
ist ein Volltreffer.

9. Denken Sie daran, dass Sie die gewählten Farben, Stile und Motive oft auch in andere Bereiche Ihres Lebens tragen können,
zum Beispiel als Farben für Visitenkarten oder Papierwaren.

10. Mit der Zeit sollten Sie Ihre persönliche Note entwickeln. Sie kann sich in Accessoires wie Schals, Gürteln, Schuhen oder Uhren äußern. Viele Leute lernen, auf einem persönlichen Stück weiter aufzubauen. Was es auch ist, es sollte sich richtig anfühlen und die Visitenkarte Ihrer Garderobe sein.

Zeit zu üben

Wenn ein Mensch irgendeine Angst hegt,
durchdringt sie sein gesamtes Denken, schädigt seine
Persönlichkeit, macht ihn zum Hauswirt eines Geistes.
— LLOYD CASSEL DOUGLAS

Kapitel 7

ҁ℈ℴ

Alles ist zu viel:
Zukunftsangst

Im Laufe der Jahrtausende hat so manche Zivilisation folgende Geschichte für sich beansprucht, was zeigt, wie beliebt sie ist und welche ewigen Wahrheiten spätere Generationen darin fanden.

Während seiner Regierungszeit hatte ein weiser Herrscher schwere Prüfungen und große Triumphe erlebt. Als der König über die Gipfel und Täler nachsann, die hinter ihm lagen, wünschte er sich einen Spruch, einen magischen Satz sozusagen, der ihm in guten wie in schlechten Zeiten Trost spenden würde.

Der Monarch rief alle seine Berater und Weisen zusammen und wies sie an: "Findet mir weise Worte, die für jede Lebenslage gelten, Worte, die mich in gedeihlichen wie in widrigen Zeiten leiten."

Und als ob diese Aufgabe nicht schon schwierig genug gewesen wäre, stellte der König ihnen auch noch folgende Bedingung: "Die Worte müssen kurz sein, da ich sie auf einen Ring eingravieren lassen will, damit ich immer daran erinnert werde."

Die Weisen gingen davon, um zu tun, was ihr Herrscher von ihnen verlangt hatte, aber die Aufgabe war entmutigend. Es schien unmöglich, die vom König gewünschten magischen Worte zu finden. Wie sollten sie einen Spruch finden, der für alle Umstände galt und sowohl auf glückliche als auch auf traurige Lebenslagen zutraf? Und nicht nur das, denn sie sollten auch noch Perlen der Weisheit finden, die auf einen kleinen Ring passten.

Die besten Köpfe der Welt taten sich zusammen, und nach vielen Beratungen fanden sie schließlich Worte, die für ihren König und die Welt geeignet waren. Sie präsentierten dem Herrscher ihren Satz, und nachdem er ihn gelesen hatte, war er sehr zufrieden.

Unverzüglich befahl der König, den Ring anzufertigen, und ließ folgende Worte darauf eingravieren: *Alles geht vorbei.*

Für den Rest seines Lebens, in guten wie in schlechten Zeiten, wurde der Herrscher oft dabei beobachtet, wie er über die Worte auf seinem Ring nachsann, denn man sagte, dass sie sein Herz und seinen Geist leichter machten und ihm Gelassenheit und Inspiration gaben wie nichts sonst.

Wenn der Satz "*Alles geht vorbei*" den Bedürfnissen eines Königs gerecht wurde, könnte er dann nicht auch für Sie funktionieren? Der Herrscher war realistisch. Er wusste, dass es in seinem Leben unweigerlich Höhen und Tiefen geben würde. Es ist unrealistisch, weniger zu erwarten, aber wenn Menschen gefragt werden, was sie sich am meisten wünschen, dann antworten sie fast immer: "*Ich möchte glücklich sein.*"

Denken Sie einmal an den Begriff des Glücks. Die meisten Leute verstehen Glück am besten, wenn es in Kontrast zu Traurigkeit gesetzt wird. Es ist schwierig, sich das eine ohne das andere vorzustellen. Die Chinesen kennen schon lange den Kreislauf von *Yin* und *Yang* und wissen, dass es entgegengesetzte Kräfte sind, die sich gleichzeitig ergänzen, wobei jedes das andere ausgleicht. Manchmal werden Yin und Yang als Gegensätze beschrieben, aber die Wahrheit ist, dass sie voneinander abhängig sind und eines nicht ohne das andere existieren kann. Yin wird mit Weiblichkeit, Dunkelheit, dem Mond und der linken Seite assoziiert; Yang ist männlich, leicht, die Sonne und die rechte Seite. Keines ist statisch, da das Leben eine Serie ständiger Veränderungen ist. Es gibt viele Beispiele, in denen Yin in Yang ist oder Yang in Yin (denken Sie an Licht in der Dunkelheit wie etwa Sterne am Nachthimmel). Wenn Yang warm ist, ist Yin kalt; wenn Yang Feuer ist, ist Yin Wasser.

Die westliche Kultur legt keinen besonderen Wert auf die Idee von Yin und Yang; wir wollen keinen Ausgleich – wir wollen alles und verwetten unsere Psyche und Seele auf dieses schlechte Blatt.

Sarah hatte genau das getan. Sie war Rechnungsprüferin, in den Vierzigern und befand sich an einem Wendepunkt in ihrem Leben. Ein halbes Jahr zuvor hatte sie an einem meiner Workshops teilgenommen, der Gefühle und Sehnsüchte in ihr geweckt hatte, die sie versucht hatte, unter Verschluss zu halten. Jetzt besuchte sie einen zweiten Workshop und hatte mich um eine Privatstunde gebeten.

Während sie sich die Tränen wegwischte, sagte sie wie so viele Menschen: "Ich will doch einfach nur glücklich sein."

"Denk an *das Pendel*, Sarah", sagte ich. "Denk an die Zahlen, mit denen du arbeitest. Was wäre das Positive ohne das Negative?"

In meinen Kursen findet sich meist immer jemand mit einer langen Halskette oder einer Taschenuhr. Statt die Nuancen von Yin und Yang oder die Polarität von Norden und Süden zu erörtern, kann ich die Halskette hin- und herschwingen und über das Pendel des Lebens sprechen.

Sarah erinnerte sich an den letzten Workshop. "Man kann das Leichte nicht ohne das Schwere wertschätzen", sagte sie. "Man muss mit Hochs und Tiefs rechnen."

Ich nickte und fügte hinzu: "Wenn du *ausgeglichen* bist, fühlt sich dein Weg nicht so sehr wie eine Achterbahn, sondern wie eine sanfte Wippe an. Das Pendel schwingt von einer Seite zur anderen. Manchmal machen wir Elefanten aus Dingen, die Mücken sein sollten. Letztes Jahr traf ich einen Klienten namens Luke, der zu mir kam, nachdem eine geplante Safari in Afrika mit einem Freund abgesagt worden war. Luke war unglaublich enttäuscht über diese Wendung. Für ihn wäre es die Reise seines Lebens gewesen, und er wusste nicht, ob er jemals noch einmal nach Afrika kommen würde. Luke war sich sicher, dass nichts diese Reise ersetzen konnte, aber da er nun plötzlich freie Zeit in seinem Kalender hatte, nutzte er sie für Aktivitäten wie zum Beispiel meinen Workshop. Seine Enttäuschung über die verpasste Reise verschwand plötzlich, als er sich auf eine Selbstentdeckungsreise begab. Er fand seinen Silberstreif am Horizont und erhielt Einsichten in die Polaritäten des Lebens. Denke immer an das Sprichwort: *Wenn sich eine Tür schließt, öffnet sich eine andere.*"

Sarah nickte seufzend. Es fiel ihr schwer, sich die Vorstellung vom Traumprinzen, Lottogewinn und perfekten Ritt in den Sonnenuntergang abzugewöhnen. Wir alle haben tagtäglich diese Hollywood-Fantasien vor Augen. Sarah war hin- und hergerissen und mochte das nicht. Sie hatte ihren großen Zeh in ein neues Gewässer gesteckt, jetzt wollte sie richtig in diesen Fluss eintauchen, hatte aber Angst, ins Schwimmen zu geraten. Sarah träumte davon, Raumgestalterin zu werden, fand das aber nicht realistisch.

"Wie kann ich ausgeglichen sein, wenn die Welt so unausgeglichen ist?", fragte sie. "Alles geht den Bach hinunter. Ich meine, sieh dir doch die ganzen Epidemien an: Aids, Vogelgrippe, West-Nil-Fieber. Es würde mich nicht wundern, wenn bald auch noch die Beulenpest ausbricht."

"Du hast die größte Epidemie von allen vergessen: Angst."

"Weil es so viele Sachen zum Fürchten gibt", sagte sie. "Erderwärmung, Überbevölkerung, Krieg, Hungersnöte – man könnte meinen, dass die apokalyptischen Reiter auf uns herabkommen."

"Und nützt es der Situation oder dir, sich über diese Dinge Sorgen zu machen?", fragte ich.

"Wie soll man sich denn keine Sorgen darüber machen? Jeder vernünftige Mensch würde das."

"Ich sage nicht, dass du dir dessen nicht *bewusst* sein sollst", antwortete ich, "aber ich rate dir, dich davon *loszulösen*."

Das Konzept der *Loslösung* ist für die meisten Menschen sehr schwer verständlich, ganz zu schweigen davon, es zu praktizieren. Wenn ich den Leuten erkläre, dass sie von Gefühlen Abstand nehmen müssen, die ihnen nicht dienen, ist die erste Reaktion immer, so eine Methode sei "herzlos". In Wahrheit ist sie genau das Gegenteil. Deshalb wunderte es mich nicht, dass Sarah den Kopf schüttelte und sich meinem Rat widersetzte.

"Das ist doch wie Weglaufen", sagte sie. "Ich will kein Vogel Strauß sein, der den Kopf in den Sand steckt."

"Das solltest du auch nicht", sagte ich. (Der arme, viel geschmähte Strauß – ja, ich weiß, dass diese Vögel den Kopf nicht in den Sand stecken, aber das war jetzt nichts, was Sarah gerade hören musste.) "Loslösung nimmt dir nicht die Verantwortung für dich selbst oder diesen Planeten. Mir liegt sehr viel an so einigen Themen, aber ich habe Besseres zu tun, als mich endlos darauf zu fixieren, weil es einfach zwecklos ist."

"Was, wenn jemand, den du liebst, stirbt?"

"Ich sage nicht, dass du keine Empathie haben solltest, aber wenn du dich loslöst, bist du vom Chaos befreit. Wenn wir uns loslösen, ist das nicht selbstsüchtig, sondern selbstlos, denn losgelöst von der Polarität erleben wir Frieden und Liebe. Dieser Zustand hilft, den Schmerz zu heilen, den du vielleicht fühlst. Wenn du losgelöst bist, befindest du dich in einem Zustand des Friedens und der Gnade und findest eine Stille und Liebe, die für die meisten nur schwer fassbar sind."

"Das hört sich aber ziemlich eigennützig an", sagte sie.

"Wenn du dir selbst hilfst, kannst du anderen helfen."

Sarah wies auf den wundervollen Ausblick auf Sedonas rotfelsige Landschaft. "Was, wenn die Regierung bekannt geben würde, dass sie hundert Meter von hier eine Giftmülldeponie hinsetzen würde? Würdest du dich auch davon loslösen?"

"In meinem Organizer habe ich eine Datei mit Namen, Anschriften, Telefonnummern und E-Mail-Adressen aller meiner politischen Vertreter", sagte ich. "Wenn es um wichtige Angelegenheiten geht, lege ich Wert darauf, sie zu kontaktieren, um meine Meinung zu äußern. Wenn ein Anruf oder eine E-Mail nicht reichen, notiere ich mir im Kalender einen Termin, an dem ich sie wieder anrufe, oder finde andere Wege, um die Situation zu verbessern. Ich bin bereit, Zeit und Energie für Dinge aufzuwenden, die mir wichtig sind, aber ich weigere mich, *unnötige* Zeit und Energie aufzuwenden, weil es zwecklos ist."

"Nicht alle von uns können Mr. Spock sein", sagte Sarah.

Da ich kein *Star-Trek*-Fan bin, verstand ich ihren Hinweis auf den rationalen Vulkanier nicht, aber ihr Tonfall erklärte einiges.

"Wenn du Loslösung praktizierst", sagte ich, "bleibst du näher an der Wahrheit. Dann gibt es weniger Chaos, Drama und Angst. Du trägst nicht zum Drama bei, weil du die bewusste Entscheidung getroffen hast, davon Abstand zu nehmen. Wenn du zum Beobachter wirst, statt Teilnehmer zu sein, siehst du wesentlich klarer."

"Wenn du Beobachter bist", sagte sie, "dann bist du in diesem Leben nur Zuschauer. Ich will aber Teilnehmer sein."

"Beobachter zu sein heißt nicht, dass du das Leben nicht in vollen Zügen genießen kannst", sagte ich. "Die Wahrheit ist, dass du ein wesentlich erfüllteres Leben führst, wenn du die Ablenkungen und Nebengeräusche ausschalten kannst. Loslösung hilft dir dabei. Sie verschafft dir klare Grenzen, von denen aus du handeln kannst. Mitgefühl kann viele Formen annehmen, und strenge Liebe ist manchmal die beste Liebe von allen."

Auch gegen diese Vorstellung wehrte Sarah sich. "Immer wenn ich dich über Grenzen sprechen höre, klingt das so, als wolltest du, dass ich Mauern hochziehe."

"Das habe ich nicht versucht herüberzubringen", sagte ich. "Ich hoffe einfach, dass du die Welt bald anders sehen kannst. Willst du Teil des Dramas sein, oder willst du in Frieden und

Mitgefühl leben? Stell dir vor, wie es wäre, nicht von Strömungen weggerissen zu werden, die dich ins Chaos stürzen."

Allein schon die täglichen Nachrichten sind für viele Menschen erdrückend. Und als ob die Berichte nicht schon beängstigend genug wären, macht die Art und Weise der Berichterstattung alles nur noch schlimmer. Oft ist der Bildschirm viergeteilt, und während die TV-Sprecher durcheinanderreden, läuft ein Nachrichtenticker am unteren Rand. Früher liefen jeden Tag stundenlang Soaps im Fernsehen, heute scheinen die Medien so laut zu schreien, wie sie können, und aus allem eine Soap zu machen. Es fällt schwer, die Spreu vom Weizen zu trennen, und wenn alle blinden Alarm schlagen, kann man kaum noch unterscheiden, ob die Gefahr echt ist. Der beste Filter gegen die massiven Ängste, die hier erzeugt werden, ist die Loslösung.

"Aber die Welt ist nicht sicher", sagte sie. "Sieh dir doch nur den 11. September an."

"Das habe ich getan", sagte ich. "Ich war am Ground Zero und blickte ihm direkt ins Auge, und als ich ihn verließ, hatte ich neue Hoffnung. So funktioniert das Pendel. Diese Katastrophe hat zahllose Saaten der Hoffnung gesät. Als der Mount Saint Helens hochging, sah die Welt seine explosive Kraft und die schreckliche Zerstörung. Jetzt, Jahre später, hat die vulkanische Asche neues Leben in Hülle und Fülle erschaffen. Aus schrecklichen Ereignissen kann Gutes erwachsen, aber zu dem Zeitpunkt selbst ist man vom Grauen überwältigt. Als der Dalai-Lama aus Tibet fliehen musste, dachten viele, das sei eine Tragödie, aber wäre er nicht aus seinem Land vertrieben worden, dann hätte die Welt nie seine Botschaft des Friedens und Mitgefühls gehört. Wenn man dem Pendel Zeit lässt, wird es zu seinem eigenen Abschluss finden."

"Wenn du vom Pendel zermalmt wirst", sagte Sarah, "ist es nicht so einfach, so zu denken, und genau das scheint ja überall zu passieren. Deshalb finde ich es für mich unsinnig, auch nur daran zu denken, den Job zu wechseln."

"Wusstest du, dass vor hundert Jahren die durchschnittliche Lebenserwartung 47 Jahre betrug?"

Sarah blickte überrascht auf, daher fuhr ich fort: "Vor einem Jahrhundert nahmen die Leute nur selten mal ein Bad, und man wusste wenig über Krankheiten, Keime und Hygiene. 1890 standen die meisten amerikanischen Großstädte vor einem Problem, das sie für unüberwindbar hielten: Pferdemist. In vielen Straßen stand er knietief. Man fand Antworten auf diese Probleme, Sarah, und wir werden Antworten auf die Schwierigkeiten finden, mit denen wir heute konfrontiert sind.

Wenn du im Drama des Alltags gefangen bist, bist du wie ein Fähnchen im Wind. Willst du in alle Richtungen gebogen werden, oder willst du in dem Wissen leben, dass dein Leben und diese Welt wie ein Pendel funktionieren?"

"Ich vermute, dass ich mich meistens wie ein Fähnchen im Wind fühle", gestand sie. "Aber wenn ich darüber nachdenke, Raumgestalterin zu werden, bekomme ich Angst, ob ich überhaupt meinen Lebensunterhalt damit verdienen könnte und was ich dafür aufgeben müsste."

"Hättest du lieber ein großes Haus und ein kleines Leben", frage ich, "oder ein kleines Haus und ein größeres Leben? Du musst dich von deiner Angst vor den Finanzen loslösen. Ich sage nicht, dass du nicht an die Finanzplanung denken solltest, aber noch viel mehr musst du an das größere Ganze denken. Stell dir diese Frage, die ich vielen meiner Klienten stelle: Hält ein Leben in Angst dich von deinem höheren Lebensziel ab?"

"Woher soll ich das wissen?", fragte sie.

"Du weißt es bereits", sagte ich, "und das ist ein Teil dessen, was dich verrückt macht. Du hängst in der Luft. Das *Endliche* kontrolliert dich, aber das *Unendliche* spricht zu dir."

Sarah lachte, weil sie wusste, dass ich recht hatte, und weil sie aus den Workshops wusste, wovon ich sprach. Die meisten von uns lernen, nur auf Situationen zu reagieren, statt mit ihnen zu interagieren.

Wir sprachen noch ein bisschen weiter, und als Sarah ging, fühlte sie sich besser. Sie fasste den Entschluss, sich von unnötigen Dramen loszulösen und empfänglich für das Unendliche zu werden. Seit unserem letzten Gespräch besucht Sarah weiter Kurse zur Ausbildung als Raumgestalterin. Ihre Arbeit als Rechnungsprüferin hat sie nicht komplett aufgegeben, aber eingeschränkt. In der jetzigen Übergangsphase ist Sarah, wie sie mir sagt, "aufgeregt und glücklich".

Die Endliche Welt existiert auf der Ebene unserer fünf Sinne. Hieraus entstehen unsere Identität und unser Verstand. Der Unendliche Aspekt unseres Bewusstseins bietet uns eine höhere Sinnes- und Wahrnehmungsebene. Wenn Sie die Unendliche Intelligenz anzapfen, erleben Sie etwas, was wesentlich mehr ist als Ihre fünf Sinne oder Ihr menschlicher Verstand. Sie erlangen Zugang zu einem Seinszustand, der keine Grenzen und Beschränkungen kennt.

Sarahs Sorgen hatten mich nicht überrascht. Viele andere waren unter ähnlichen Umständen zu mir gekommen. So ist das, wenn man Einblick in die Unendliche Intelligenz erhält. Wenn Sie sich in diesen Zustand hineinwagen, gewinnen Sie Frieden und Gewissheit. Allerdings gibt es dann Herausforderungen, wenn Sie in die Endliche Welt zurückkehren. Der Wiedereintritt ist schwierig und oft verwirrend. Wenn Sie Zeit im Unendlichen verbracht haben, ist es ein unsanftes Erwachen, wieder im Wirrwarr des Endlichen gefangen zu sein. Sarah und andere reagierten wie ein Baby, das den Mutterleib verlässt. Das Chaos ist verstörend, wenn man aus dem Unendlichen kommt, wo es nur Frieden, Liebe und Mitgefühl gibt.

Den meisten Leuten fällt es sehr schwer zu akzeptieren, dass das logische Denken ihres Gehirns nicht der Weisheit letzter Schluss ist. Wir sind daran gewöhnt, unseren Endlichen Geist über uns bestimmen zu lassen. Wenn Sie Zugang zum Unendlichen erhalten, wird der Endliche Geist zum Diener, was typischerweise Widerstände aller Art mit sich bringt. Sie wissen, wenn Sie im Unendlichen sind, denn dort existieren die Sorgen der Endlichen Welt nicht, und Sie erleben eine Klarheit, wie sie sonst nicht möglich ist. Wie Sokrates sagte: "Weisheit beginnt mit Staunen." Wenn Sie diesen Zustand des Staunens erleben möchten, ist einer der besten Wege dorthin die Loslösung.

 Pause

Im Workshop am nächsten Tag konzentrierte ich mich auf das Konzept der Loslösung *und erklärte, dass diese Methode, wenn wir sie beherrschen, uns von Angst und alltäglichen, oft so ermüdenden Sorgen befreit.* Wir machten unsere Atemübungen, und dann ermunterte ich alle, die Strippen loszulassen, die unsere Seele und unseren Geist fesseln, und sich komplett davon loszulösen.

"Wenn ihr das Unendliche annehmt", erklärte ich, "werdet ihr zu einer anderen Person. Das Pendel beherrscht euch nicht mehr; die Polaritäten des Lebens werden akzeptiert und nicht mehr bekämpft. Ihr werdet mit den Krisen des Lebens – mit Krankheiten, Scheidungen, sogar mit dem Tod – besser umgehen können, weil ihr wisst, dass es einen größeren Zusammenhang gibt.

Denkt einmal an das Meer. Unsere Aufmerksamkeit wird gewöhnlich von den vor- und zurückrollenden Wellen angezogen, aber das ist nur die Oberfläche, das Endliche. Darunter liegt das Unendliche. In unserem Leben sehen wir nur dieses oberflächliche Bild. Wenn wir uns loslösen und in das Unendliche vordringen, erleben wir viel, viel mehr als das."

Ich erklärte der Gruppe, wie wichtig es war, sich in Ruhe Zeit zu nehmen, um das Meer ganz in sich aufzunehmen. Durch die Erfahrung des allumfassenden Wesens des Meeres würden sie Klarheit und Stille finden. Sobald sie mit diesem Gefühl der Loslösung vertraut seien, könnten sie bei Bedarf immer dorthin zurückkehren.

Ich versuchte, ihnen die Loslösung und das Unendliche durch Erfahrungen in meinem eigenen Leben näherzubringen.

"Als ich diesen friedvollen Zustand erlebte", sagte ich, "wusste ich, dass ich nicht mehr ausschließlich in der Endlichen Welt leben konnte. Das heißt nicht, dass ich mich nicht mit Alltagssorgen befassen muss. Aber ich beziehe meine Antworten jetzt aus dem Unendlichen, was das Leben viel einfacher macht. Ich zerbreche mir nicht mehr den Kopf über Kleinigkeiten. Da ich aus einem Zustand des Friedens komme, erlebe ich die gefühlsmäßigen Extreme von früher nicht mehr.

Ich weiß, dass manche von euch Loslösung als Rückzug betrachten, aber das ist nicht dasselbe. Statt in die Wildnis zu gehen wie die alten Propheten oder Einsamkeit auf einem Berg zu suchen, geht ihr in euch selbst. An diesem Ort werdet ihr den Masterplan eures Lebens finden. Vielleicht habt ihr diese Botschaft bereits gehört, aber ihr hattet Angst zuzuhören, weil ihr wusstet, dass sie große Veränderungen in eurem Leben erfordern und euch ziemlich wahrscheinlich aus dem Durchschnitt herausheben würde. Euer Endlicher Geist wird euch fragen: 'Wie kann ich das tun?' Euer Unendlicher Geist wird sagen: 'Ich muss das tun', es wird einfach keinen Zweifel geben. Wenn wir aus dem Endlichen heraus handeln, machen wir uns immer Sorgen, dass nicht genug da ist – im Unendlichen ist alles, was wir brauchen, in Hülle und Fülle vorhanden."

Da das Unendliche über unsere fünf Sinne hinausgeht, reichen Worte nicht aus, um diese Erfahrung zu beschreiben. Stellen Sie sich den schönsten Moment Ihres Lebens vor. Vielleicht erlebten Sie das erste Aufblühen von Liebe, oder ein Anblick oder Klang bewegte Sie wie nie zuvor. Vielleicht hatten Sie eine flüchtige Offenbarung, als die Sonne auf Ihr Gesicht schien oder Sie in einem Wald aus Kiefern oder Pappeln tief die Luft einatmeten. Das Unendliche ist alle diese Dinge und noch viel, viel mehr.

Ich lebe nicht auf einem Berg. Genau wie Sie stehe ich täglich vor neuen Fragen und Situationen, aber für mich ist der Weg klar. Oft mache ich eine Pause, wenn auch nur für einen kurzen

Moment, und ziehe mich in das Unendliche zurück. Dort sind alle Antworten.

Kürzlich habe ich mir ein besonderes Goldmedaillon gekauft. Nicht nur wegen seines aufwendigen Designs, sondern mit der Aussicht, dass ich es hin- und herpendeln lassen kann, um die Polaritäten in diesem Endlichen Leben aufzuzeigen und wie sie uns von einem Extrem ins andere führen.

Das Medaillon besitzt eine einfache Inschrift, die an die Geschichte eines weisen Königs und an eine Weisheit erinnert, die über alle Zeitalter hinweg weitergegeben wurde.

Sie kennen diese Worte: *Alles geht vorbei.* Denken Sie in Ihrem Leben immer wieder daran, und die Angst wird Sie nicht länger beherrschen, weil Sie in Frieden leben.

Das Pendel des Lebens anerkennen

Finden Sie Ausgeglichenheit mit dem Yin/Yang
der Polaritäten

1. Nehmen Sie sich ein Blatt Papier und schreiben Sie über eine aktuelle Herausforderung in Ihrem Leben.

2. Machen Sie zwei Spalten. Schreiben Sie über die eine *Positiv* und über die andere *Negativ*.

3. Listen Sie in der Negativ-Spalte auf, was nicht so eingetroffen ist, wie Sie es wollten.

4. Notieren Sie in der Positiv-Spalte die guten Dinge, die sich aus dieser Herausforderung ergaben.

5. Wenn Sie nichts Positives finden konnten, tun Sie dies:
   a) Denken Sie noch einmal an die Herausforderung und überlegen Sie, wie sich das Pendel stetig hin- und herbewegt. Gab es Entscheidungen, die Sie in dieser Situation hätten treffen können und die zu einem anderen Ergebnis geführt hätten? Oft sind wir bereitwillige Opfer der negativen Polarität, statt

positive Veränderungen zu suchen. Wenn wir Verantwortung für unser Handeln übernehmen, ändert sich die Gleichung oft vom Negativen zum Positiven.

b) Wenn wir das Pendel in unserem Leben akzeptieren (uns das Yin/Yang ansehen), können wir das Muster sehen statt nur das Problem. Statt die Herausforderung als negativ anzusehen, können wir die Situation oft besser machen, indem wir uns fragen, was wir aus der Herausforderung lernen können.

c) Oft hilft es, wenn Sie sich von dem Problem distanzieren können. Statt die Herausforderung persönlich zu sehen, stellen Sie sich vor, dass jemand anderes davor steht – fast als würden Sie einen Film sehen. Hierdurch ist die positive Polarität oft leichter erkennbar.

d) Antworten kommen oft leichter, wenn man laut denkt. Machen Sie doch einmal eine Pendel-Übung mit einem zuverlässigen Freund. Erinnern Sie ihn daran, dass er nur Ihrem inneren Dialog zuhören soll.

6. Wenn Sie den "Silberstreif" am Horizont hinter den dunklen Wolken finden, beurteilen Sie, ob Sie richtig gehandelt haben. Falls nicht, überlegen Sie, wie Sie besser mit der Situation hätten umgehen können.

7. Überlegen Sie, was Sie aus der Herausforderung gelernt haben. Oft wiederholen Menschen immer wieder dieselben Muster, statt daraus zu lernen. Statt das Geschehene als einzelne Situation zu sehen, können Sie es auch als Teil eines Gesamtmusters in Ihrem Leben betrachten.

8. Um den Kreis zu schließen oder zumindest das Schwingen des Pendels anzuerkennen, nehmen Sie sich einen Moment Zeit, um Dankbarkeit für Ihr neues Wissen zu bezeugen. Das festigt Ihre Bande mit dem Unendlichen und unterstützt den Kreislauf,

mit dem Sie Antworten aus Bereichen außerhalb der Endlichen Welt erhalten.

Zeit zu üben

Loslösung

Befreien Sie sich vom Chaos

1. Wenn Sie diese Methode erlernen, beginnen Sie am besten mit geschlossenen Augen, um Ablenkungen auszuschließen. Wenn Sie später erfahrener sind, können Sie die Übung mit offenen Augen machen und alles wahrnehmen, wovon Sie sich loslösen wollen.

Beginnen Sie die Übung, indem Sie sich auf Ihren Atem konzentrieren.

2. Werden Sie mit jedem Atemzug zum *Beobachter*. Nehmen Sie davon Kenntnis, was geschieht, aber distanzieren Sie sich von jeder Beteiligung daran.

3. Konzentrieren Sie sich auf ein geistiges Bild, das Ihnen hilft, sich weiter loszulösen. Vielleicht liegen Sie an einem einsamen Sandstrand oder treiben auf ruhigem Wasser dahin. Umarmen Sie die Stille und Ruhe und fühlen Sie den Frieden. Wenn Sie später mit dem Gefühl der Loslösung vertrauter sind, können Sie sich in Krisenzeiten mühelos in diesen Gnadenzustand versetzen.

4. Falls Sie feststellen, dass Ihr Geist sich der Loslösung widersetzt, das heißt voller Geschwätz ist, lassen Sie sich davon nicht frustrieren. Das kann passieren. Mit etwas Geduld wird Ihr Geist irgendwann klar sein.

5. Es kann sein, dass Sie sich auf etwas fixieren, was Ihnen Sorgen bereitet. Wenn das passiert, atmen Sie einfach weiter und bleiben Sie ruhig. Nehmen Sie sich Zeit, um zu beobachten und die Polarität der Situation anzunehmen. Nach einiger Zeit werden Sie feststellen, dass das, was an Ihnen gezerrt hat, seinen Griff gelockert hat.

6. Urteilen Sie nicht über das gerade Geschehende. Finden Sie so viel Frieden, wie Sie können. Schütteln Sie den Griff der Endlichen Welt ab.

7. Gestatten Sie sich, sich ganz dem Moment hinzugeben.

8. Wenn Sie im Zustand der Loslösung ankommen, wird es sich anfühlen, als hätte die Welt aufgehört, sich zu drehen, und Ihr Geist wird still werden.

9. Wenn Sie vollkommen losgelöst sind, werden Sie in einem Zustand des Friedens sein. An dieser Stelle werden Sie Ihr Tor zum Unendlichen durchschreiten!

10. Am besten können Sie sich selbst und anderen dienen, wenn Sie sich in diesen Zustand begeben, denn wenn Sie diesen Frieden umarmen, werden Sie zu einer Oase der Ruhe inmitten des Chaos. So mancher wird Gebrauch von diesem Zufluchtsort machen, den Sie anbieten. Auf diese Weise werden Sie nicht nur zu Ihrem eigenen Frieden beitragen, sondern auch zum inneren Frieden anderer.

Zeit zu üben

Hab keine Angst davor, dich in eine prekäre Lage zu begeben. Denn genau da hängen die Früchte.

— H. JACKSON BROWNE

Kapitel 8

Der feige Löwe:

Fortschrittsangst

Auf meinen Vorträgen über Kreativität mache ich sehr gerne Rollenspiele und lasse Mitglieder aus dem Publikum Figuren aus dem *Zauberer von Oz* nachspielen. In diesen Produktionen bin ich Dorothy und suche mir Leute heraus, die die Böse Hexe, die Vogelscheuche, den Blechmann und den Feigen Löwen spielen sollen.

Die Leute können sich leicht mit diesen Figuren identifizieren. Fast jeder hat den Film gesehen oder das Buch gelesen. Wir wissen von Dorothys Wunsch, nach Hause zurückzukehren, dass dem Blechmann das Herz fehlt, die Vogelscheuche gerne Verstand hätte und der Feige Löwe mutig werden muss. In jeder dieser Figuren können wir eigene Schwächen erkennen. Wenn Dorothy sagt: "Es ist nirgends schöner als zu Hause", finden wir uns in ihren Worten wieder. Wir alle sehnen uns danach, diesen Ort, unser Zuhause, zu finden und dort zu verweilen. Um an diesen besonderen Ort zu gelangen, sind wir oft gezwungen, Reisen mit vielen Umwegen zu unternehmen.

153

Wo das Herz ist, ist man zu Hause. Leider sind viele von uns wie der Blechmann und scheinen dieses schwer fassbare Herz nicht finden zu können, oder vielleicht sind wir wie die Vogelscheuche und haben nicht den Verstand, es zu finden, oder noch wahrscheinlicher sind wir der Feige Löwe und haben Angst, Mut zu fassen, um unser Leben so zu führen, wie wir sollten. Wie also können wir nicht nur zur Smaragdstadt, sondern auch nach Hause finden?

Schon allein der Gedanke an ein solches Wagnis würde viele von uns zur Salzsäule erstarren lassen. Wir würden uns von den Gefahren einer solchen Reise einschüchtern lassen. Denken Sie an die alten Karten, auf denen ferne Länder eingezeichnet waren mit der Warnung: *Hier gibt es Drachen.* Die Reise zur Smaragdstadt war eine Reise an einen unbekannten Ort; sogar mit roten Halbschuhen war sie weit, und der Weg war voller Gefahren.

Gibt es in Ihrem Leben einen Ort, den Sie gerne erreichen möchten? Falls ja, haben Sie wahrscheinlich mehr von Ihrem *Affengeist* zu befürchten als von fliegenden Affen, die von einer bösen Hexe ausgesandt wurden.

In psychologischen Begriffen ist die eheste Entsprechung zum Affengeist das *Ego*, Ihr bewusster Geist, durch den Sie die Dinge wahrnehmen. Der Affengeist ist Ihre menschliche Identität. Sie besteht aus Ihren vergangenen Erfahrungen, was sowohl gut als auch schlecht ist. Vielleicht hat unsere Vergangenheit uns viel Positives gebracht, aber sie hat uns auch Gepäck mitgegeben. *Viele unserer Ängste gründen in der Vergangenheit. Deswegen sind die meisten von uns ein Produkt früherer Erfahrungen und künftiger Ängste, was bedeutet, dass wir nicht im jetzigen Augenblick leben.*

Der Affengeist interpretiert die Welt durch Filter der Angst. Er füttert unser süchtiges Wesen. Einige Menschen füllen diese Leere mit Dingen wie Alkohol, Sex, Essen und Drogen – Aktivitäten, die den Affengeist beschäftigt halten. Da der Affengeist von Ablenkungen genährt wird, braucht er Zerstreuung. Denken Sie daran, wie Affen von einem Bein aufs andere hüpfen und pausenlos schnattern. Trotz der Evolution des Menschen kontrolliert dieses primitive Muster nach wie vor unser Denken, weshalb es uns nicht wundern sollte, dass Angst, Ärger, Manipulation und Kontrolle Nebenprodukte des Affengeistes sind. Bei all dem Unfrieden, den er stiftet, kann man aber leicht vergessen, dass der Affengeist auch viel Nützliches für uns tut. Unser Ego tut alles, um uns vor Verletzungen zu schützen, und es macht das sehr gut. Da aber der Affengeist angstbasiert handelt, gestatten wir uns, Opfer vergangener Ereignisse zu werden. *Unserem Affengeist ist es lieber, dass wir in einem vertrauten Gefängnis wohnen, statt uns zu erlauben, uns ins Unbekannte zu wagen.* Er ist sowohl reaktiv als auch konservativ; der Affengeist würde Sie lieber an etwas Altbekanntem leiden lassen, statt die Kontrolle an etwas abzugeben, was außerhalb seines Einflussbereiches liegt.

Es gibt viele Mythen über den Affengeist, mir persönlich gefällt die mythologische Geschichte von Prometheus am besten. Prometheus gehörte zu den Titanen und war ein Freund und Wohltäter der Menschheit. Als er im Winter vor Kälte zitternde Menschen erblickte, suchte Prometheus Zeus auf und bat ihn, der Menschheit die Gabe des Feuers durch die Götter geben zu dürfen. Aber Zeus verbat es Prometheus, denn er wollte die Menschheit in ihren Schranken halten. Statt jedoch Zeus zu gehorchen, erklomm Prometheus den Olymp und stahl Apollons Wagen. Er steuerte den Wagen in den Himmel und stahl den Göttern Feuer. Nachdem er mit der Gabe des Feuers auf die Erde zurückgekehrt war, gedieh die Menschheit, aber Prometheus' gute Tat blieb nicht ungestraft. Zeus ließ Prometheus an einen Fels ketten, und Tag für Tag wurde er von einem riesigen Adler gemartert, der sich an seinem Körper gütlich tat. Die gute Nachricht ist, dass Herkules schließlich Prometheus von seinen Fesseln befreite.

Der Affengeist hält uns in Ketten wie Prometheus, und tagtäglich werden wir gemartert, weil er uns zwingt, reaktiv zu sein. Das Feuer schenkte der Menschheit die Möglichkeit zu großem Fortschritt, was Zeus erzürnte, denn die Götter wollten ihre Vormachtstellung nicht verlieren. Die Geschichte von Prometheus zeigt uns, was war, ist und sein kann. Es gibt drei Arten von Geist, die uns alle zur Verfügung stehen: der *Affengeist,* der *Befreite Geist* und der *Göttliche Geist.*

Der Affengeist ist ein *Handlungszustand,* der Befreite Geist ist ein *Seinszustand* und der Göttliche Geist ist die Verbindung zu der universellen Kraft, die den *Gnadenzustand* möglich macht. Wenn der Affengeist uns nicht mehr beherrscht, erreichen wir den Befreiten Geist, und von diesem Ort aus haben wir Zugang zum Göttlichen Geist. *Der Affengeist lebt in der Endlichen Intelligenz, der Befreite Geist wohnt in der Unendlichen Intelligenz und der Göttliche Geist ist Teil der Universellen Intelligenz.*

Alle diese Konzepte kommen im Film *Der Zauberer von Oz* zum Ausdruck, denn Dorothys Reise verkörpert diese Metamorphose des Geistes. Anfangs sehen wir, wie ihr Affengeist ihr Handeln bestimmt. Sie macht sich Sorgen um Toto; alles, was sie tut, ist reaktiv, und ihr Handeln wird von Angst beherrscht. Dorothy ist im Handlungszustand, dominiert vom Endlichen. Dennoch weiß sie, dass es "irgendwo jenseits des Regenbogens" einen besseren Ort gibt. Als Dorothy davonläuft, begegnet sie Professor Marvel. Obwohl er ein Scharlatan zu sein scheint, gibt er ihr einen guten Rat, und als er behauptet, er habe Zugang zum Unendlichen, scheint dem auch so zu sein. Dorothy ist noch nie jenseits des Regenbogens gewesen, aber intuitiv ist sie sich sicher, dass es diesen Ort gibt. Während Dorothy ihre Reise fortsetzt, beginnt sie, über sich selbst hinauszusehen und sich um andere zu kümmern. Ein Teil ihres Affengeistes wird unter Kontrolle gebracht ("Ding Dong, die Hex ist tot"), und ihr Weg wird ihr nun klarer ("Folge dem gelben Ziegelsteinweg"). Allmählich erhält Dorothy Zugang zum Unendlichen und tritt in den Seinszustand ein, obwohl ihr Affengeist nach wie vor rege ist. Sie will den Zauberer in der Smaragdstadt finden, da sie glaubt, dass er alle Antworten hat, und ist bitter enttäuscht, als er ihr aufträgt, ihm den Besenstiel der Bösen Hexe des Westens zu bringen. Dennoch bleibt sie ihrer Vision treu und hält durch ("Lass niemals zu, dass die roten Halbschuhe dir von den Füßen gleiten", hatte Glinda, die Gute Hexe des Nordens, ihr gesagt). Dorothys triumphale Rückkehr in die Smaragdstadt zeigt ihre neue Reife und Klarheit, es ist ihre Ankunft im Unendlichen. Als Dorothy begreift, dass alle Dinge in ihr sind und sie immer jenseits des Regenbogens sein kann, ob in Kansas oder sonst wo, ist sie Teil des Göttlichen Geistes geworden, wo alles möglich ist.

Unser Affengeist hält uns seit jeher davon ab, dem gelben Ziegelsteinweg zu folgen. Aber um in die Welt jenseits des Regenbogens zu gelangen, müssen Sie Ihre Angst überwinden und auf dem Weg Mut und Tapferkeit finden. Und ja, es wird eine sehr schwierige Reise werden, auf der Sie zweifellos die eine oder andere Hexe werden bezwingen müssen, aber es wird die lohnendste Reise Ihres Lebens sein. Oz und das, was jenseits davon liegt, erwarten Sie.

 Pause

In meinen Kursen und Workshops bin ich im Laufe der Jahre vielen Feigen Löwen begegnet, und häufig wurden diese Personen von ihrem Affengeist sabotiert. Die Botschaft *Carpe Diem* (Nutze den Tag) übersetzte ihr Affengeist in "vielleicht morgen".

Christine war ein gutes Beispiel für einen Feigen Löwen, der unter der Knechtschaft des Affengeistes stand. Sie kam zu einem Workshop und informierte mich am dritten Tag eines fünftägigen Retreats, sie fahre am nächsten Morgen nach Hause. Der Zeitpunkt überraschte mich nicht. Der dritte Tag eines Workshops ist der Zeitpunkt, an dem viele Teilnehmer offenbar den Drang verspüren wegzulaufen. Manchmal wird das Unbekannte als angsteinflößender Ort wahrgenommen, und viele Teilnehmer erkennen, dass sie, wenn sie weitermachen, als anderer Mensch nach Hause kommen könnten. Wenn Ihr Ego Ihre Denkweise beherrscht, kann das sehr beängstigend sein. Für manche Menschen ist es fast so, als stünden sie ihrem eigenen Tod gegenüber. Ihre "Identität" zu verlieren – *sogar an etwas Größeres als das, was sie sind* –, ist für einige sehr angsteinflößend. Dann stiftet der Affengeist so viel Chaos wie möglich; er will einen Bürgerkrieg zwischen Geist und Seele – und die Angst ist sein Verbündeter, denn wenn Menschen Angst haben, ändern sie sich nicht.

"Ich muss schon früher nach Hause", informierte mich Christine.

"Warum?", fragte ich.

"Zu Hause stapelt sich einfach alles."

"Ist das der wahre Grund?"

Dem war ganz klar nicht so. Christines Affengeist machte Überstunden.

"Ich glaube einfach, dieser Workshop ist nichts für mich", sagte sie. "Wie du ja weißt, gehe ich sonst immer in Spas."

Ich nickte. Christine verbrachte normalerweise vier Wochen im Jahr in exklusiven Spas. Sie war Ende Dreißig und hatte einen älteren, wohlhabenden Mann geheiratet. Christine hatte Reisen ins Wine Country und exotische Kreuzfahrten erwähnt. Ihr Haus im exklusiven kalifornischen Fairbanks Ranch hatte das Beste von allem.

"Weißt du", sagte Christine, "ich habe einfach schon erkannt, dass mein Leben in jeder Hinsicht außergewöhnlich ist."

Der von mir geleitete Workshop hieß *Wandele dein Leben vom Gewöhnlichen ins Außergewöhnliche.* Trotz all ihres Reichtums wusste ich, dass die Frau vor mir kein außergewöhnliches Leben hatte. Sie war eine Vorzeigefrau. Wenn ihr Mann auf Geschäftsreisen war, machte Christine eigene Ausflüge. Sie hatte gedacht, Geld würde alles besser machen, und ihr Affengeist tat sein Möglichstes, damit sie weiter an dieser Illusion festhielt.

"Kennst du den Film *Ist das Leben nicht schön?*", fragte ich sie.

Die meisten Leute haben diesen Film gesehen. Es geht darin um George Bailey, der glaubt, dass sein Leben bisher bedeutungslos war, und der dann durch den Zauber eines Engels namens Clarence (der versucht, sich seine Flügel zu verdienen) die Möglichkeit erhält zu sehen, was mit seiner Stadt Bedford Falls passiert wäre, wenn es ihn nie gegeben hätte.

Christine lächelte und sagte, dass er zu ihren Lieblingsfilmen gehöre.

"Denk an die Figur George Bailey, die von Jimmy Stewart in *Ist das Leben nicht schön?* gespielt wurde", sagte ich. "Wenn die Dinge falsch laufen, bringt ihn sein Affengeist zur Verzweiflung. George hat das Gefühl, dass er ein wertloses Leben führt und es besser für seine Familie wäre, wenn er tot statt lebendig wäre. Er ist ein mittelloser Mann, und doch kann niemand widersprechen, als sein Bruder einen Toast auf ihn als 'reichsten Mann der Stadt' ausspricht. Bedford Falls wurde wegen George erst zu einem besonderen Ort. Wir haben gesehen, wie schlimm alles gekommen wäre, wenn der gemeine Banker Mr. Potter es geschafft hätte, seinen Kopf durchzusetzen."

Christine fühlte sich langsam etwas unbehaglich. Vielleicht erinnerte Mr. Potter sie an jemanden.

"Georges Haus fiel praktisch auseinander", sagte ich. "Er hatte kein Geld, um an seine Traumziele zu reisen. Letztendlich erkannte er aber, dass er ein Leben im Dienste anderer führte und die Leute ihn um seiner selbst willen liebten. Er konnte seine Perspektive komplett ändern. Am Ende, als es so aussah, als würde er eingesperrt, rief er fröhlich aus: 'Ist es nicht wundervoll? Ich komme ins Gefängnis!' George hatte keine Angst mehr."

Die Angst brachte George Bailey fast um; Angst, was die Zukunft ihm bringen würde, Angst, dass er es nie zu etwas bringen würde, Angst, dass sein Leben verschwendet war.

"Der Affengeist will nicht, dass du auf die Reise zu dir selbst gehst", sagte ich. "Er will dich in Ketten halten. Aber wenn wir den Göttlichen Geist erreichen, erhalten wir Zugang zu einem Schutzengel wie Clarence, weil wir die Dinge dann klar sehen."

Christines Affengeist wollte nicht hören, was ich sagte. "Du scheinst nicht zu verstehen", sagte sie, "dass ich schon ein Leben führe, das jeder gerne hätte."

"Unser Affengeist will uns glauben machen, dass Besitztümer uns glücklicher machen. Das Glück ist nur das neueste, tollste Luxusauto entfernt, oder es wird mit dem großen Haus mit der wunderbaren Aussicht kommen, oder du wirst es mit diesem riesigen Plasmafernseher erleben, oder es wird eintreten, wenn du diesen Traumurlaub machst. Aber wenn wir diese Besitztümer anhäufen, wird die Leere niemals gefüllt, und unser Glück ist nur vorübergehend.

Wenn der Materialismus zu deinem Gott wird, bist du wie ein Pferd vor dem Pflug, das versucht, an die Karotte vor seiner Nase zu kommen. Du wirst im Kreis laufen, ohne je irgendwo anzukommen."

Aber der Feige Löwe hatte seine Klauen tief in Christine versenkt. Sie wollte nicht, dass der Vorhang des Zauberers von Oz zurückgezogen wurde; der Gedanke an diesen Anblick war für sie zu schmerzhaft. Viele Menschen wollen nicht tief graben. Für sie ist die Sache erledigt, wenn sie einen Arzt finden, dem sie sagen können: "Geben Sie mir eine Pille, damit ich weiterlaufen kann."

Ich weise alle darauf hin, dass der innere Wandel keine einfache Reise ist, aber eine lohnende.

Zu meinen Workshops bringe ich immer einen Klettaffen namens Melvin mit. Anfangs schwebt Melvin gewöhnlich über meinem Kopf, um darauf aufmerksam zu machen, wie gerne der Affengeist unser Handeln kontrolliert. Am Ende der Kurse umarme ich Melvin. Wir müssen mit unserem Ego koexistieren, aber dafür sorgen, dass es unserem Befreiten Geist dient. Unser Affengeist wird nie fortgehen, aber wir können seine Lautstärke auf ein Flüstern herunterdrehen.

Man kann Menschen nicht zwingen, in ihrem besten Interesse zu handeln. Wie das Sprichwort sagt: "Man kann ein Pferd zum Wasser führen, aber man kann es nicht zwingen zu trinken." Christines

Kampf-oder-Flucht-Instinkt hatte sich eingeschaltet, und sie wollte definitiv die Flucht ergreifen.

"Immer wenn jemand sich unsicher ist, was er tun soll", sagte ich, "sage ich, dass er sich selbst auf dem Sterbelager sehen und sich fragen soll: 'Was hätte ich in meinem Leben tun sollen?' Wenn du den Affengeist zum Schweigen bringst und in deinen Befreiten Geist gehst, erhältst du Zugang zum Unendlichen und kannst dich fragen, was du tun sollst. So reist du in den Göttlichen Geist."

Christine dankte mir und tat einen Schritt, als wollte sie los, aber irgendwie konnte sie sich nicht dazu bringen zu gehen. "Gibt es vielleicht einen einfacheren Weg dahin?", fragte sie. "Ich denke immer, es muss doch irgendeine Hintertür geben."

"Wir alle wollen einen einfachen Weg", sagte ich. "Ich verstehe, wie du dich fühlst, weil ich mich auch so fühlte, als ich mich mit meinem Affengeist arrangieren musste."

Christine schien verblüfft. "Das überrascht mich jetzt", sagte sie. "Ich hätte gedacht, dass du da einfach so durchspaziert bist."

Ich schüttelte den Kopf. "Es war eine große Herausforderung für mich", sagte ich. "Wie jeder andere war auch ich mit den Schikanen meines Affengeistes konfrontiert."

"Und heute?"

Ich lächelte. "Glaub es oder nicht, aber heute betrachte ich meinen Affengeist als guten Freund. Unsere Beziehung ist jetzt freundschaftlich, nicht gegnerisch. Wir haben Respekt voreinander. Wie in jeder Beziehung haben wir manchmal Durchhänger, wenn mein Affengeist sein Bestes gibt, um sich zu behaupten, aber wenn ich mich selbst daran erinnere, wo ich sein soll, verstummt sein Geschwätz."

Christine nickte. "Ich will diesen Frieden", gab sie zu. "Ich will hierüber hinaus und den Gnadenzustand finden, aber alleine kann ich das sicher nicht."

"Das musst du auch nicht", sagte ich ihr.

Wir vereinbarten, dass ich ihren inneren Prozess beobachten würde, und als Christine nach Hause zurückgekehrt war, rief ich sie mehrmals pro Woche an. Während sie sich ihren Pfad durch den Dschungel bahnte, besprachen Christine und ich die Herausforderungen auf dem Weg. Keine, lernte sie, war unüberwindbar, und als Christine begann, sich von den Schranken ihres Affengeistes zu befreien, stellte sie fest, dass ihr Leben auf erstaunliche Art und Weise frei wurde. Sie wurde nicht länger von Besitztümern beherrscht; zu ihrer Welt gehörte jetzt viel mehr als das.

Ich werde mich immer an die Aufregung in ihrer Stimme erinnern, als Christine mit dem Unendlichen in Verbindung getreten war und sie mir erzählte: "Kein goldener Käfig könnte je den Ausblick ersetzen, den man vom Regenbogen aus hat!"

Was geschieht, wenn Sie in den Göttlichen Geist gehen, wenn Sie Ihren Platz jenseits des Regenbogens finden? Der Text von *Somewhere over the Rainbow* sagt alles: "*Die Träume, die du zu träumen wagtest, werden wahr.*"

Den Lärm stoppen und den Affengeist zähmen

Leben Sie friedlich mit Ihrem Ego zusammen

1. Machen Sie sich die Stimme in Ihrem Kopf namens Affengeist bewusst. Es ist Ihr Ego, Ihre Selbstwahrnehmung. Der Affengeist ist gerne Ihr Strippenzieher. Durch die Manipulation Ihrer Erinnerungen kontrolliert er Ihre Gefühle und Ängste. Der Affengeist sieht Sie gerne in der Endlichen Welt "verankert", denn an diesem Ort kann er Sie leicht beherrschen. Wenn Sie in das Unendliche gehen, verlieren Sie Ihre Marionettenfäden. Sie werden zum befreiten Prometheus.

2. Durch das Wissen, wie der Affengeist funktioniert, können Sie sich von seinen Kommandos distanzieren, indem Sie nicht mehr darauf reagieren.

3. Bauen Sie eine neue Beziehung zu Ihrem Affengeist auf. Verstehen Sie, dass er so arbeitet, um Ihr Überleben zu sichern. Und erkennen Sie gleichzeitig, dass Sie den Dschungel hinter sich gelassen haben.

4. Statt eine Marionette zu sein, vertauschen Sie die Rollen und seien Sie frei von den Fäden, die Sie bisher gesteuert haben. Entscheiden Sie, sich nicht mehr in den Inhalt jedes Gedankens zu verstricken, sondern sich nur insofern damit zu befassen, als Sie ihn als Geist anerkennen, der ziellos von einem Bein aufs andere hüpft. Sie können dem Affengeist Anerkennung für seine Beschützerrolle in Ihrem Leben zollen, aber es ist Zeit, nicht mehr unter seiner Fuchtel zu stehen.

5. Wenn der Affengeist nicht mehr das Sagen hat, werden Sie feststellen, dass der "Lärm" in Ihrem Leben deutlich abnimmt. Lassen Sie zu, dass Sie sich an die heruntergedrehte Lautstärke gewöhnen. Während der Lärm nachlässt, beginnen Sie, das Unendliche zu erfahren.

6. Um Ihre Reise ins Unendliche anzutreten, gehen Sie in Ihr Herz. Statt auf das äußere Diktat der Angst zu reagieren, erlauben Sie sich, mit dem Unendlichen vertraut zu werden. Dabei werden Sie einen Sinn für die richtige Richtung bekommen. Akzeptieren Sie diese Richtung, da sie Sie zu Ihrem Platz im Leben führen wird.

7. Sinnen Sie darüber nach, was das Unendliche Ihnen sagt. Ordnen Sie die Botschaften nach ihrer Wichtigkeit und schreiten Sie zur Tat, indem Sie eine Liste aufstellen.

8. Jetzt ist es Zeit, die Liste umzusetzen. Ihr Herz hat Ihnen gesagt, was getan werden muss, jetzt müssen Sie damit anfangen. Der Affengeist wird sein Bestes geben, um wieder die Oberhand zu gewinnen. Nehmen Sie seine Anwesenheit zur Kenntnis, und drehen Sie die Lautstärke herunter.

9. Jetzt sind Sie im gegenwärtigen Moment. Vergangene Geschehnisse und Ängste vor der Zukunft sollten nicht ins Spiel

kommen. Sie kennen Ihr Ziel und jetzt ist die Zeit, um darauf hinzuarbeiten.

10. Wenn Sie diese Methode weiter üben, wird Ihr Affengeist die Rolle als Diener des Unendlichen einnehmen. Mit dieser Veränderung können Sie aufhören, über Ihr Leben nachzugrübeln und sich Sorgen zu machen, und anfangen, Ihr Leben so zu gestalten, wie es sein sollte.

Zeit zu üben

Angst ist die Dunkelkammer,
in der Negative entwickelt werden.

— MICHAEL PRITCHARD

Kapitel 9

‿𝒮𝒪

Klein-Hühnchens Not:

Angst, dass der Himmel einstürzt

Die meisten Leute kennen die Geschichte von Klein-Hühnchen, aber für den Fall, dass Sie als Kind nicht aufgepasst haben ... Eines Tages lief Klein-Hühnchen durch den Wald, als eine Eichel von einer gewaltigen Eiche herabfiel und seinen Kopf traf. Als Klein-Hühnchen aufblickte, sah es über sich den Himmel und kam zu einem verhängnisvollen Schluss.

"Der Himmel stürzt ein!", rief Klein-Hühnchen.

Da Klein-Hühnchen nicht wusste, was es tun sollte, rannte es im Kreis herum und schrie die schrecklichen Neuigkeiten heraus. Guter Puter hörte das Gekreische, und wie Klein-Hühnchen war auch er bald ganz außer sich vor Panik. Klein-Hühnchen und Guter Puter fanden, dass der König über diese Katastrophe in Kenntnis gesetzt werden musste, und machten sich auf, um ihn zu warnen.

Auf dem Weg zum König trafen sie Entchen Glücklich und erzählten ihm die Geschichte vom einstürzenden Himmel. Es fing an zu jammern und schloss sich ihnen an, um den König aufzusuchen.

Aber noch ein anderes Tier im Wald hatte interessiert die un-heilverkündende Geschichte von Klein-Hühnchen vernommen. Der Schlaue Fuchs hörte den Bericht und sagte: "Ja, wir müssen unbedingt dem König Bescheid geben. Aber ich kenne eine Ab-kürzung durch den Wald, die uns viel schneller zu seiner Burg füh-ren wird. Folgt mir!" Und so folgten Klein-Hühnchen, Guter Puter und Entchen Glücklich dem Schlauen Fuchs.

Manche Geschichtenerzähler beenden das Märchen damit, dass Klein-Hühnchen und sein Gefolge niemals den König erreichten, um ihm vom einstürzenden Himmel zu berichten, und dass der Schlaue Fuchs, als er später gesehen wurde, ziemlich fett und träge aussah. Da Kinder dieses Ende aber nicht besonders mögen, ver-jagen in einer beliebteren Version die Hunde des Königs den Schlauen Fuchs just in dem Moment, als er Klein-Hühnchen und die anderen verspeisen will, und am Ende der Geschichte versichert der König allen, dass der Himmel nicht einstürzt.

Nur allzu viele Menschen sind wie Klein-Hühnchen. Wenn etwas Unerklärliches passiert, fürchten sie sofort das Schlimmste. Das nächste Mal, wenn Sie sich sicher sind, dass der Himmel ein-stürzt, denken Sie an die Möglichkeit, dass es nur eine Eichel ist.

Vielleicht sind Sie ja nicht so leichtgläubig wie Klein-Hühnchen und würden nicht so bereitwillig voreilige Schlüsse ziehen. Trotz-dem ist es vielleicht nicht immer einfach, einen klaren Kopf zu bewahren, wenn alle rufen: "Der Himmel stürzt ein!" Wenn man darüber nachdenkt, sind Guter Puter und Entchen Glücklich nicht viel anders als die meisten Menschen. Die Überschriften in Zei-tungen und Magazinen und die Klatschnachrichten im Fernsehen und Radio machen es einem leicht, den Ängsten in unserem Um-feld zu erliegen. Der Schlaue Fuchs und seinesgleichen zählen nicht nur darauf, sondern tun häufig auch noch ihr Bestes, um die Angst zu verstärken.

Da Klein-Hühnchen und die anderen voller Angst herumrann-ten, dachten sie nicht mehr nach. Sie reagierten auf ihre Angst und richteten ihr Handeln nach dem, was alle anderen taten. Was Klein-Hühnchens Glaube anbetraf, dass der Himmel einstürzte, hatte es keinen Plan, um mit seiner Angst oder der Situation selbst umzugehen. Seine Hoffnung lag darin, das Problem dem König zuzutragen, damit er sich damit beschäftigte.

Klein-Hühnchen machte aus einer Mücke einen Elefanten: Eine herabfallende Eichel wurde zum Ende der Welt. Denken Sie einmal an "herabfallende Eicheln" in Ihrem Leben und wie Ihre Fantasie sie unverhältnismäßig aufbauscht. Angst macht wirklich aus Mücken Elefanten, und Stress verschlimmert die Situation noch. Nach dem 11. September hoben die US-amerikanische Regierung und die Medien das reale oder imaginäre Bedrohungsniveau ständig weiter an. Solch ein Dauerbombardement mit Gefahrenmeldungen und dem Schwerpunkt auf Negativem laugt die meisten Seelen aus. *Das Paradoxe daran ist, dass genau das, was den Stress verursacht, auch das ist, was Sie davon befreien kann – Ihre Gedanken!*

Sind Sie jemand, der immer das Schlimmste erwartet? Falls ja, ist die Chance groß, dass Sie Ihren Teufelskreis immer weiter aufrechterhalten. Ihr Kopf erteilt Ihnen nicht nur Anweisungen, wie Ihr Leben zu verlaufen hat, sondern er beherrscht Ihr Leben auch mit negativen Gedanken.

Natürlich müssen Sie mit Höhen und Tiefen im Leben rechnen, aber Sie werden mehr Erfolg dabei haben, Ihren Masterplan im Leben zu verwirklichen, wenn Sie klar gesteckte Ziele haben, die sich sowohl an Ihren *bewussten* als auch an Ihren *unterbewussten* Geist richten. Sie werden feststellen, dass solche klaren Absichten das gewünschte Ergebnis beeinflussen. Es ist wichtig, Gedanken als *magnetische Kraft* aufzufassen, die ähnliche oder verwandte Gedanken anzieht. Wenn Sie bestimmte Aspekte des Universums auf sich lenken wollen, müssen Sie die Gedanken und die Gesinnung aussenden, die dem förderlich sind. Stellen Sie sich diese Gedanken vor wie einen freigelassenen Vogel; Sie lassen sie in eine höhere Ordnung frei. Sie wissen, dass Sie als Teil des Masterplans an einen besseren Ort gelangen werden.

Es gibt zahllose Beispiele für den Sog dieser magnetischen Kraft. Im Zuge der Terroranschläge vom 11. September wurde die Tragödie von der Presse stark verbreitet. Es lag auf der Hand, dass dieses Datum den New Yorkern in den Sinn kam, als am 11. September 2002, ein Jahr nach den Anschlägen, in der New Yorker Lotterie die Zahlen 9-1-1 gezogen wurden. Dieser "Treffer" wurde weltweit in TV-Sendungen gezeigt; drei Pingpongbälle, die auf magische Weise an ein Datum erinnerten. Die New Yorker sind dafür bekannt, skeptisch zu sein, aber nicht in diesem Fall. Rekordmäßige 5631 Menschen hatten auf die Zahlen 9-1-1 getippt.

Um diese magnetische Kraft noch zu verstärken, können Sie eine *Orakeltafel* anfertigen. Ihr ganz persönliches *Orakel* ist praktisch eine Karte mit Möglichkeiten, für die Sie sich bereit machen können.

In alten Zeiten reisten Menschen zu Heiligenschreinen und Pilgerstätten, um ein Orakel zu befragen. Die Bittsteller stellten dem Orakel Fragen in der Hoffnung, göttliche Führung zu erhalten. Oft beantworteten Mittelspersonen ihre Fragen, Priesterinnen oder ähnliche Medien, die verschiedenste "Zeichen" deuteten, wie das Rascheln von Eichenblättern oder Vogelgezwitscher. An manchen Orten sollten die Bittsteller in der Nähe des Tempels oder in einer unterirdischen Kammer schlafen und so in ihren Träumen Antworten auf ihre Fragen erhalten.

Sie müssen nicht zu den Ruinen alter Orakelstätten in Griechenland, Italien, in der Türkei oder in Libyen reisen, um Antworten in Ihrem Leben zu finden. Sie können Ihr eigenes bestes Orakel werden und so zugleich die Angst in Ihrem Leben vermindern, sich den Möglichkeiten der Zukunft öffnen und die magnetischen Kräfte Ihres Geistes freisetzen.

Für Ihre Orakeltafel nehmen Sie sich zwei große Plakatkartons (DIN A1 ist gut geeignet). Beschriften Sie jeden Plakatkarton mit neun Lebensbereichen:

Reichtum	*Ruhm*	*Beziehung*
Familie	*Gesundheit*	*Kinder/Kreativität*
Wissen	*Karriere*	*Freunde/Reisen*

Der erste Plakatkarton soll kopfgesteuert sein, eine visuelle Illustration Ihres Lebens und Ihrer Absichten. An Materialien können Sie alles verwenden, was Sie möchten. Viele benutzen Glitzer, Farbe, farbige Textmarker und bunte Stoffmuster. Oft werden auch Bilder aus Zeitschriften ausgeschnitten, um die neun Lebensbereiche zu verdeutlichen.

Beginnen Sie mit dem zweiten Plakatkarton erst ein paar Tage, nachdem sie den ersten fertiggestellt haben. Für die zweite Runde müssen Sie den Äolischen Wind (siehe Kapitel 2) atmen und dann in Ihr Herz gehen. Wenn Sie den Zugang zum Unendlichen gefunden haben, denken Sie an die neun Lebensbereiche. Setzen Sie sich dabei nicht unter Druck, Lücken füllen zu müssen. Wenn Ihnen bewusst wird, was für Sie richtig ist, wird das Unendliche Ihnen in seinem Tempo das Geeignete anbieten. Sie werden zur rechten Zeit Ihr Orakel haben.

Fast immer sehen die beiden Plakatkartons sehr unterschiedlich aus. Der vom Kopf angefertigte Karton ist meist wesentlich bunter; oft hat er mehr Glitzer und Glamour als Substanz. Unser Kopf wird von Geld und Macht beherrscht, und genau das spiegelt sich meist auch auf diesem Karton wider. Der vom Herzen angefertigte Karton hat Antworten, die das Unendliche Ihnen geliefert hat, und ist Ihr wahres Orakel, denn der Glitzer und Glamour wurde hier durch innere Weisheit ersetzt. Joseph Campbell schrieb: "Wir müssen bereit sein, das Leben, das wir geplant hatten, aufzugeben, um das Leben zu bekommen, das auf uns wartet." Wundern Sie sich nicht, wenn die Botschaft Ihres Herzens sich von der vorgefassten Meinung Ihres Kopfes unterscheidet. In der Endlichen Welt ist es einfach, Klein-Hühnchens Rolle zu spielen; im Unendlichen wohnt der Frieden des Wissens und nicht die Angst, dass der Himmel einstürzt. Vielleicht hatten Sie ja ein "normales" Leben mit weißem Lattenzaun und gepflegtem Rasen geplant, aber die Botschaft Ihres Herzens zeigt Ihnen einen anderen Weg auf, der Ihre Erwartungen übertreffen wird.

Die alten Orakel waren berüchtigt für ihre Zweideutigkeit, aber das wahre Problem lag wohl eher in der Deutung. Wenn Sie Atemübungen machen und ins Unendliche gehen, werden die Botschaften des Herzens klar. Deutungen, die auf den Wünschen des Kopfes beruhen, führen oft zu katastrophalen Ergebnissen. In der Mythologie befragte König Krösus von Lydien (der so reich war, dass sich bis heute der Ausdruck "reich wie Krösus" gehalten hat) das Orakel von Delphi, bevor er dem Persischen Reich den Krieg erklärte. Das Orakel sagte Krösus, dass "ein mächtiges Reich fallen würde", wenn er in den Krieg zöge. Der König deutete das als Zeichen, dass er siegen würde, und erkannte nicht, dass sein eigenes Reich fallen würde. Machen Sie nicht denselben Fehler wie Krösus. Sehen Sie die Zukunft durch die Augen Ihres Herzens und nicht durch die Ihres Kopfes.

Suchen Sie sich für Ihre Orakeltafel einen Platz, wo Sie sie mindestens zweimal täglich sehen, idealerweise morgens beim Aufstehen und abends, bevor Sie schlafen gehen. Manche Leute hängen ihre Tafel ins Badezimmer; das ist zwar kein glamouröser Standort, aber er erfüllt seinen Zweck, da er die Chance erhöht, dass Sie sie bei Tagesanbruch und -ende sehen.

Wenn Sie Ihr Orakel aufsuchen und sich ein paar ruhige Momente Zeit nehmen, öffnen Sie Ihren Geist für die Sie erwartenden Möglichkeiten. Die meisten Menschen nutzen ihren unterbewussten Geist nicht. Als Analogie können wir uns vorstellen, dass das Unterbewusstsein wie das Unendliche ist – es ist immer da, wird aber selten genutzt. Stellen Sie sich vor, was sein kann, und lassen Sie es in Ihr Unterbewusstsein einsickern. *Napoleon Hill* formulierte es am besten: "Was immer der menschliche Geist sich vorstellen und woran immer er glauben kann, das kann er auch vollbringen."

Sogar Skeptiker haben mit dem Wandorakel Erfolge erzielt. Die meisten Zweifler schreiben die guten Ergebnisse mehr dem Glauben zu, sich Möglichkeiten geöffnet zu haben, statt der Tatsache, dass sie magnetische Kraft erzeugt haben, die Potenzial und Hoffnung anzieht. Wie auch immer, das Endergebnis ist dasselbe – Fensterläden werden geöffnet, so dass Licht hereinströmen kann, und das Orakel spricht zu Ihnen über das, was sein kann. Wie Joseph Campbell bemerkte: "Die große Frage ist, ob du zu deinem Abenteuer wirklich und von Herzen 'ja' sagst."

 Pause

Darren war ein Mann, der nicht an Orakel und Märchen glaubte. Als ich ihm sagte, dass er genau das Leben haben könnte, wonach er sich sehnte, wenn er es nur hereinlassen würde, hielt er mich für verrückt. "Beziehungen und ich, das funktioniert einfach nicht", sagte er mir mehr als nur einmal. Er sprach aus eigener Erfahrung. Darren war ein Unternehmer in den Vierzigern, der den Großteil seiner Energie in seine Geschäfte gesteckt hatte. In seinen Zwanzigern hatte er eine Reihe von Freundinnen gehabt, in seinen Dreißigern eine feste Freundin, in seinen Vierzigern gab es nur noch Arbeit. Mehr um mir einen Gefallen zu tun, willigte er schließlich ein, eine Orakeltafel anzufertigen.

Fast sein ganzes Leben lang hatte Darren sich von seinem Kopf beherrschen lassen. Er hatte geschäftlich Erfolg gehabt und lebte den Vorstadttraum, aber sein Plakatkarton zeigte ihm, dass das nicht das Leben war, das er eigentlich wollte. Darren ging in sein Herz, und das Orakel sprach zu ihm. Er wollte eine Frau, die er lieben konnte, und eine Familie. Sein Traumhaus war keine Villa, sondern ein Haus, das mehr mit Liebe als mit Besitztümern gefüllt war.

Aber trotz der Botschaften seiner Orakeltafel erklärte Darren: "So ein Leben wäre für mich niemals möglich." Er war sich sicher, dass er zu alt und zu festgefahren in seinen Gewohnheiten war.

Ich sagte ihm, dass das nicht stimmte und die Darstellungen auf seiner Orakeltafel es bewiesen.

"Freunde dich damit an, dir anzusehen, was das Leben dir bieten könnte", sagte ich ihm. "Schau dir morgens und abends deine Orakeltafel an."

Darren willigte ein – doch wahrscheinlich nur, um mich zum Schweigen zu bringen. Nach eigener Beschreibung war er ein "abgelaufener" Katholik, ging aber ein- oder zweimal im Jahr in die Kirche, meist zu besonderen Anlässen. Bei seinem letzten Besuch hatte er ein Formular für katholische Singles ausgefüllt, aber nie wieder etwas davon gehört. Nachdem Darren sein Orakel angefertigt hatte, vergingen einige Wochen. Um mich zu beschwichtigen, schaute er es sich morgens und abends an und begann, sich damit anzufreunden. Monate nach seinem letzten Kirchenbesuch wurde Darren von einer Frau angerufen, die sein Profil gelesen hatte. Zuerst dachte Darren, sie hätte sich verwählt, aber dann fiel ihm ein, dass er ja den Single-Fragebogen ausgefüllt hatte.

Sechs Monate später war Darren mit der Frau verheiratet, die ihn angerufen hatte. Innerhalb von vier Jahren wurde Darren Vater von zwei Jungs. Bis heute erzählt er immer wieder gerne die Geschichte, wie er mithilfe seines Ehestifters, der Orakeltafel, eine Familie gründete.

⊘ Pause ⊘

Amy war aktiver in ihrer Suche nach dem Leben, das sie sich wünschte. Nachdem sie mich über die Kontaktaufnahme mit dem unterbewussten Geist und Visualisierungstechniken für einen Lebensplan hatte sprechen hören, fertigte Amy eine Orakeltafel an. In der rechten oberen Ecke ihrer Tafel war ein wunderschönes Hochzeitskleid zu sehen.

Obwohl sie weder einen Verlobten noch die Aussicht auf einen hatte, beschloss Amy, mit der Planung ihrer Hochzeit anzufangen.

Amy machte also einen Termin in einem Brautmodengeschäft und suchte sich ein Kleid aus. Und das war nur der Anfang ihrer Vorbereitungen. In ihrer Freizeit fuhr sie durch die Stadt und sah sich mögliche Veranstaltungsorte für ihre Hochzeit an.

Auch wenn sie unbedingt heiraten wollte, blieb Amy wählerisch, was ihren zukünftigen Ehemann betraf. Sie würde sich nicht mit einem Mann zufriedengeben, den sie nicht liebte; er musste jemand sein, mit dem sie den Rest ihres Lebens verbringen wollte. Aber das hielt sie trotzdem nicht davon ab, schon jetzt zu überlegen, welcher Partyservice oder Florist für ihre Hochzeit engagiert werden könnte und welche Blumen für die Gestecke infrage kamen.

"Ich glaube, ich machte dem Universum deutlich klar, dass ich bereit war, einen Hausstand zu gründen", sagte Amy lachend.

Da sie offen für Möglichkeiten war, wurde Amy "überbewusst". *Ihre Gedanken waren wie Magnete und erlaubten es den Möglichkeiten der Welt, in ihr Leben zu treten.*

"Meine Freundin hatte ein Profil auf einer Internet-Datingplattform", sagte Amy. "Sie redete mir zu, das doch auch mal auszuprobieren, aber für mich fühlte sich das einfach nicht richtig an, daher ließ ich es. Als ich eines Abends bei ihr war, sah sie die Nachrichten auf ihrem Profil durch. Darunter war eine Mail, die mich sehr ansprach, aber bei meiner Freundin gar nicht gut ankam. Ich sagte: 'Wenn du ihm nicht schreiben willst, ich würde gerne.' Ihr war es recht."

Wenn das Orakel zu Ihnen spricht, ist es nützlich, wenn Sie zuhören. Innerhalb eines Jahres war Amy mit dem Mann verheiratet. Was die Hochzeit betraf – die war ein Kinderspiel. Amy hatte sie ja schon komplett durchgeplant.

"Mein Mann sagt, dass wir uns über eine Online-Partnerbörse kennengelernt haben", sagte Amy. "Ich sage, dass wir uns durch ein Orakel begegneten."

Immer wieder höre ich, wie Orakeltafeln Menschen "frei gemacht" haben, ihre Träume zu verfolgen und Chancen zu nutzen, die sich ihnen sonst vielleicht nicht geboten hätten. Gibt es einen bestimmten Ort, den Sie gerne einmal besuchen würden? Viele Leute schwören, dass ihr Orakel ihnen den Antrieb zu einer Reise gab, der ihnen sonst gefehlt hätte. Nachdem sie ihre Vision auf der Tafel veranschaulicht hatten und sie täglich sahen, schien das Reiseziel gar nicht mehr so unerreichbar zu sein. Der Ort war direkt vor ihnen. Ihr Orakel sagte ihnen, dass es so vorbestimmt war. Diese Gewissheit hat sich in meinem Leben immer bewahrheitet.

Ich reise leidenschaftlich gern. Das eine oder andere Mal sprengten meine Träume mein Budget, aber das hielt mich nicht davon ab, eine Orakeltafel zu erstellen und meinen Gedanken freien Lauf zu lassen. Die Ergebnisse erstaunten mich. Wiederholt fragten Kreuzfahrtschiffe bei mir nach Vorträgen an, die genau in den Teil der Welt fuhren, den ich so gerne sehen wollte. Natürlich arrangierte ich es immer so, dass ich nach der Kreuzfahrt noch Zeit hatte, meinen Rucksack zu schultern und mich zu den Hügeln, Bergen, Flüssen oder Meeren meiner Träume aufzumachen. Wenn ich von meinen exotischen Reisen zurückkehre, fühle ich mich immer wie ausgewechselt, dankbar, die Schönheit von Mutter Erde gesehen und andere Kulturen kennengelernt zu haben.

Viele meiner Klienten haben ihr Ziel geplant, daran geglaubt und es schließlich erreicht. Nachdem sie sich ihr Reiseziel ausgesucht hatten, reisten sie am Ende wirklich dorthin. Ihr Geist sprach – oder vielleicht ihr Orakel – und ihr Wunsch erfüllte sich.

Manche Leute brauchen allerdings noch etwas mehr Bestätigung. Ihnen genügt es nicht, sich ihre Orakeltafel nur anzusehen – sie müssen die Stimme des Orakels hören. Dann empfehle ich, eine persönliche Audioaufnahme zu machen. Ob High- oder Lowtech spielt keine Rolle – Sie können alles von einem MP3-Player mit spezieller Musikauswahl bis zu einem Kassettenrecorder verwenden – wichtig ist, dass Sie ehrlich sind und aus dem

Herzen sprechen. Gehen Sie mit Ihrem Zukunftsplan ins Detail, und bleiben Sie gleichzeitig offen für andere Möglichkeiten. Nutzen Sie Ihre Stimme als Sprungbrett für Ihr Unterbewusstsein. Wenn Sie die Aufnahme abends vor dem Einschlafen abspielen, wird Ihr Unterbewusstsein Wege finden, um Ihre Wünsche zu verwirklichen.

Wenn Sie Verantwortung für Ihre Gedanken übernehmen, können Sie Stress vermindern und Ihre Lebensqualität steigern. Menschen, die an chronischem Stress leiden, bekommen oft schwere Krankheiten wie hohen Blutdruck, Herzleiden und starke Depressionen. Mit einer "Klein-Hühnchen"-Einstellung machen Sie sich allen möglichen Stress. Doch wenn Sie Ihre "Der-Himmel-stürzt-ein-Mentalität" zügeln, können Sie diesen Kreis durchbrechen.

Der erste Schritt zur Veränderung liegt darin, *Achtsamkeit für Ihre Gedanken* zu entwickeln, wenn Sie unter Stress stehen. Versuchen Sie nicht, Ihre Gedanken zu analysieren oder zu unterdrücken – lassen Sie ihnen einfach freien Lauf. Beobachten Sie Ihre Ängste und Selbstzweifel fast wie ein unparteiischer Dritter. Nehmen Sie alle Ihre Sorgen zur Kenntnis.

Wenn Sie sich nicht mehr so gestresst fühlen, sehen Sie sich noch einmal alles an, worüber Sie sich Sorgen gemacht hatten. Mit zeitlichem Abstand und einem anderen Blickwinkel wird der "Eichel-Effekt" viel offensichtlicher. Negative Gedanken verschwinden, wenn sie in ein positives Licht gerückt werden. Oft sind diese negativen Gedanken so tief in uns verwurzelt, dass sie Teil unseres Alltags geworden sind. *Wenn Sie sich Ihrer Gedanken bewusster werden, stellen Sie vielleicht fest, dass Ihre größte Schwäche mangelndes Selbstvertrauen ist.* Klein-Hühnchen glaubte, dass der Himmel einstürzt – nur weil ihm etwas auf den Kopf gefallen war. Es mag weit hergeholt klingen, aber viele Leute lassen sich von ihren negativen Gedanken beherrschen. Sie erwarten das Schlimmste, und es wird zu einer selbsterfüllenden Prophezeiung.

Durch die Neuprogrammierung Ihres Unterbewusstseins können Sie neue Gedanken erschaffen und sich in einen besseren Seelenzustand versetzen. William James, der Vater der amerikanischen Psychologie, sagte: "Das Unterbewusstsein birgt die Kräfte, die die Welt bewegen." Die meisten von uns glauben, dass wir von äußeren Umständen gesteuert werden; James hingegen sagte, dass unser Leben davon bestimmt wird, was in unserem Inneren vor sich geht.

Es ist einfach, die Verantwortung für unser Unterbewusstsein abzugeben – die meisten Leute glauben, dass es schon per definitionem außerhalb unserer Kontrolle liegt –, aber mit etwas Übung können Sie es dazu bringen, für Sie zu arbeiten.

Wenn ich den Leuten sage, dass eine neue Lebenseinstellung oft zu einem ganz neuen Leben führt, erwähne ich oft die Erkenntnisse von Dr. Joseph Murphy, einem renommierten Experten für geistige Dynamik. Murphy schrieb: "Wissenschaftler sagen, dass wir unseren Körper alle elf Monate erneuern; somit sind wir physisch gesehen in Wirklichkeit nur elf Monate alt."

Nehmen Sie sich einen Augenblick Zeit, um sich die Biologie Ihres Körpers anzusehen. Jedes Jahr werden achtundneunzig Prozent unserer Atome durch andere Atome ersetzt; alle sieben Jahre wird jede Zelle unseres Körpers ersetzt; selbst unsere Knochenzellen werden ständig ersetzt. Das bedeutet, dass wir alle zwei Jahre ein neues Skelett haben! Eine der langlebigsten Mythengestalten ist der Phönix, der aus der eigenen Asche aufsteigt. In vielerlei Hinsicht findet dieses Wunder auch im menschlichen Körper statt.

Da unser Körper ständig wiedergeboren wird, was sollte uns dann davon abhalten, negative Gedanken ebenfalls zu ersetzen? Angst kann durch Hoffnung ersetzt werden, Zorn durch Freude und Eifersucht durch Wohlwollen. Wie ich meinem Publikum oft sage: Warum sollten wir mit einer zerkratzten alten Langspielplatte mit schlechter Musik vorliebnehmen, wenn wir sie durch eine topaktuelle CD mit angesagter Musik ersetzen können?

Der Schlüssel zu dieser neuen, besseren CD ist es, die Tür zu Ihrem unterbewussten Geist zu öffnen und Zugang zu Ihrem Inneren Orakel zu erhalten. Aber bevor Sie Ihre Orakeltafel erstellen (und eventuell noch Ihre Audioaufnahme), ist es unerlässlich, dass Sie die Tür zu Ihrem Unterbewusstsein mit der Methode zur *Befreiung Ihres Inneren Orakels* aufschließen.

Die Befreiung Ihres inneren Orakels

Öffnen Sie die Tür zu Ihrem Unterbewusstsein

1. Um Zugang zu Ihrem Unterbewusstsein zu erhalten, müssen Sie vollkommen entspannt sein. Beachten Sie, dass der bewusste Geist als Wächter agiert, der versucht, Ihren Zugang zum Unterbewusstsein zu verhindern. Er ist ein Kerkermeister, der seine Schlüssel nicht abgeben will. Nur in einem zutiefst entspannten Zustand können Sie den bewussten Geist austricksen und in Ihr Unterbewusstsein gelangen.

2. Suchen Sie sich einen ruhigen Ort (vorzugsweise Ihr Bett), legen Sie sich hin, schließen Sie die Augen, machen Sie es sich bequem und entspannen Sie sich.

3. Am besten erreichen Sie das Unterbewusstsein vor dem Einschlafen. Da es, während wir schlafen, an unseren Absichten und Wünschen arbeitet, gibt es keinen besseren Zeitpunkt als kurz vorm Einschlummern, um sie ihm zu übergeben. Auch sofort nach dem Aufwachen sollten Sie Ihr Unterbewusstsein nutzen, damit es tagsüber "hinter den Kulissen" für Sie arbeitet.

4. Atmen Sie tief ein und aus, um den Weg zu Ihrem Unterbewusstsein zu finden; atmen Sie mit dem Äolischen Wind (siehe Kapitel 2) bis drei ein, halten Sie den Atem bis fünf an und atmen Sie bis sechs aus. Atmen Sie diesen Zyklus viermal. Nach den Atemübungen werden Sie vollkommen entspannt sein und mühelos Zugang zu Ihrem Unterbewusstsein finden.

5. Teilen Sie Ihrem Unterbewusstsein deutlich Ihre Absicht mit. Bezeichnen Sie sie nicht als "Wunschdenken", sondern beschreiben Sie sie so, als wäre sie bereits eingetreten. Wiederholen Sie Ihre Absicht mindestens fünf Minuten lang immer wieder. Visualisieren Sie, was Sie beschreiben. Wenn Geist und Gedanke im Gleichtakt sind, wird das Unterbewusstsein dies als Ihre neue Realität akzeptieren.

6. Wenn möglich, schlafen Sie ein, während Sie Ihre Absicht wiederholen. Reden Sie nicht, lesen Sie nicht, tun Sie nichts, um Ihre Absicht zu schmälern. Wenn Sie Ihren Wunsch im Zentrum Ihrer Aufmerksamkeit halten, wird Ihr Unterbewusstsein daran arbeiten, ihn zu verwirklichen.

7. Atmen Sie sofort nach dem Aufwachen den Äolischen Wind, und wiederholen Sie Ihre Absicht nochmals fünf bis zehn Minuten lang.

Bei der Arbeit mit Ihrem unterbewussten Geist werden Sie feststellen, dass Sie dabei Zweifel und Ängste loslassen, die sich oft in Ihrem Verhalten und Ihren Gedanken äußern. Ihr "Plan" wird immer mehr zur Wirklichkeit. Achten Sie auf "Zufälle", die Ihre Absichten unterstützen könnten, und seien Sie dafür empfänglich. Das ist der Magneteffekt. Bleiben Sie immer offen für diese sogenannten Zufälle. Manchmal entwirft Ihr unterbewusster Geist für Sie einen wesentlich besseren Plan, als Ihr bewusster

Geist ihn ersonnen hat. Was sich dann manifestiert, werden Sie oft viel gewinnbringender und spannender finden als Ihren ursprünglichen Wunsch. Das heißt, dass Ihr Inneres Orakel arbeitet und Ihnen den Weg zeigt!

Der Himmel wird nicht mehr einstürzen, sondern das Universum wird sich öffnen.

Zeit zu üben

> Angst ist das Gefängnis des Herzens.
> — ANONYM

Kapitel 10

Frieden finden

Angst, nie mit dem Leben zufrieden zu sein

Pssst … Wollen Sie ein Geheimnis erfahren? Ist Ihr Leben aus den Fugen geraten, und wollen Sie etwas tun, was nicht nur Ecken und Kanten glättet, sondern Sie auch an einen Ort führt, wo Sie noch nie waren? Millionen von Menschen geht es so, vielen insgeheim.

Wenn sie jetzt meinen, ich hätte eine magische Pille für Sie – nein. Mein bestes Rezept für Menschen, die mit ihrem Leben unzufrieden sind, lautet, regelmäßig zu meditieren und zu singen.

Diesen Rat finden Sie vielleicht merkwürdig. Viele denken bei Gesang an Mönche in einem abgelegenen Kloster. Möglicherweise sprechen deshalb manche Leute nur ungern über ihre Meditation und ihren Gesang, obwohl das täglich mehr Menschen tun, als Sie vielleicht meinen. Genau jetzt könnte Ihr Nachbar damit beschäftigt sein!

Menschen, die meditieren und singen, haben kein bestimmtes "Gesicht", an dem man sie erkennen könnte; es wird von allen Rassen, Religionen und Geschlechtern praktiziert. Und wenn Sie meinen, ein Sänger als Nachbar sei genauso laut wie ein Drummer, dann täuschen Sie sich - denn manche Menschen singen lieber schweigend.

Die Sängerin Tina Turner weiß, was Gesang und Meditation bewirken können. Jahrelang ertrug sie den körperlichen und seelischen Missbrauch ihres Ehemanns; ihr Leben war von Angst beherrscht. Dann lernte sie Gesang und Meditation kennen, und Tina begann zu begreifen, dass sie die Herrin über ihr Schicksal sein konnte. Mehrmals täglich wiederholte sie den Gesang *nam myoho renge kyo* (ausgesprochen *nam ma yo ho renge ke yo*). Die Worte bedeuten: "Ich unterwerfe mich dem mystischen Gesetz von Ursache und Wirkung durch Klang." Nichiren-Buddhisten glauben, dass diese Worte das grundlegende Gesetz des Universums und die wahre Seite des Lebens zum Ausdruck bringen. Für viele Menschen ergibt sich die Bedeutung der Worte nicht so sehr aus der Übersetzung, sondern aus dem Singen selbst, womit sie sich mit dem Universum in Einklang bringen.

Tina Turner nutzte diesen Gesang, um innerlich stärker zu werden. Sie war zornig, hatte Angst und wusste nicht, was sie tun sollte. Sechzehn Jahre ihres Lebens waren von ihrem Ehemann kontrolliert worden. Als sie beschloss, ihre Ehe zu beenden, gab dieser Gesang ihr Kraft. Als sie ihren Mann verließ, hatte Tina nur sechsunddreißig Cent in der Tasche. Geld war ihr egal, ihre Freiheit nicht. Ihre inneren Überzeugungen erblühten durch das Singen und Meditieren, und sie hatte keine Angst mehr, der Zukunft allein gegenüberzustehen. Nach ihrer Scheidung hatte Tina Turner größeren musikalischen Erfolg als je zuvor. Die meisten würden sagen, dass ihr musikalisches Talent dafür verantwortlich war; sie würde es wahrscheinlich eher dem Klang von *nam myoho renge kyo* zuschreiben.

Es gibt mehrere Wege, zu meditieren und zu singen. Nach meiner Erfahrung und der meiner Klienten funktionieren Meditation und Gesang am besten, wenn sie Hand in Hand gehen. Man kann durch *Atmung, die Konzentration auf ein Objekt, das Visualisieren eines Gedankens oder die Konzentration auf einen Ton* meditieren. Meditation hat eine direkte Wirkung, zum Beispiel Stressreduzierung, geistige Klarheit und Entspannung. Genauso wichtig sind aber auch die "Nebenwirkungen". Der Frieden, der durch Meditation entsteht, überträgt sich auf Ihren Alltag, auch wenn Sie gerade nicht meditieren. Zudem baut diese Art der Selbsterkenntnis auf sich selbst auf, so dass Sie mit größerer Klarheit durchs Leben gehen und die Welt besser verstehen.

Eine wirkungsvolle Meditationsmethode sind *Mantras*, heilige Worte, Gesänge oder Töne, die während der Meditation wiederholt werden, um die Entwicklung spiritueller Kraft zu fördern und um den Bewusstseinswandel zu erleichtern. Das Wort "Mantra" stammt von dem Sanskrit-Wort *mantrana* ab, was Rat oder Vorschlag bedeutet. Einige der machtvollsten Mantras sind am einfachsten zu wiederholen. Denken Sie zum Beispiel an den Ton *Om* (oder *Aum*). Hindus und Buddhisten glauben, dass Om *der* Urton ist; Menschen vieler Glaubensrichtungen akzeptieren instinktiv, dass es ein heiliger Ton ist. Vielleicht haben Sie schon einmal eine Stimmgabel benutzt, ihrem Klang gelauscht und ihre Schwingung gespürt. Für viele ist das Wiederholen des Wortes Om wie das Betätigen einer Stimmgabel. Der vibrierende Klang innerhalb und außerhalb Ihres Körpers stimmt Ihr innerstes Wesen auf das Universum ein. Das Mantra besitzt die Laute *A, U* und *M*. Der vierte Ton ist die Stille, die dem Ton vorausgeht und ihn beendet, eine vielsagende, allumfassende Stille. In etwas so Einfachem wie dem Wort/Ton Om finden viele den Weg zum Unendlichen.

Ein weiteres häufig benutztes Mantra ist *Ich bin, der ich bin*. Wenn Sie dieses Mantra gedruckt vor sich sehen, denken Sie vielleicht an Descartes' berühmten Satz "Ich denke, also bin ich", oder Sie erinnern sich an die Schule, wo Sie gelernt haben, dass "Ich bin" der kürzeste, aber gleichzeitig machtvollste aller Sätze ist. Wenn Sie *Ich bin, der ich bin* wiederholen, ergründen Sie eine

Verbindung, die größer ist als Descartes' Satz und mächtiger als die Verkündung der Existenz. Wie jedes Mantra geht *Ich bin, der ich bin* über eine einzelne Behauptung hinaus und verbindet Sie mit der Unendlichen Intelligenz.

Scheuen Sie sich nicht, mit den verschiedenen Meditationstechniken zu experimentieren. Sie werden bald wissen, was sich richtig anfühlt und am besten funktioniert. Wenn Sie die *Atemmeditation* ausprobieren, üben Sie den Äolischen Wind (siehe Kapitel 2) und konzentrieren Sie sich auf Ihren Atem. Vielleicht fühlen Sie sich mit einer *Objektmeditation* wohler; dabei lenken Sie Ihre ganze Aufmerksamkeit auf ein Ding, etwa eine Rose, ein Gemälde oder einen Lieblingsgegenstand. Nehmen Sie mit geöffneten Augen Farbe, Form und Textur zur Kenntnis. Andere kommen besser mit geschlossenen Augen zurecht und nutzen die *Visualisierungsmeditation*. Dabei können Sie sich zum Beispiel einen Sonnenuntergang, eine wunderschöne Wiese oder einen makellosen Strand vorstellen. Setzen Sie Ihre Sinne ein, so dass dieses Bild in Ihrem Geist gesehen, gefühlt, empfunden, gehört und sogar berührt werden kann. Oder vielleicht ist bei Ihnen eine auditive Erfahrung am wirkungsvollsten und Ihre Meditation ist am einfachsten, wenn Sie *sich auf Töne konzentrieren*. Konzentrieren Sie sich mit geschlossenen Augen auf einen einzelnen Ton oder ein einzelnes Wort. Sie werden bemerken, dass durch die Wiederholung dieser Töne Gedanken und Ablenkungen von außen verschwinden und Sie Zugang zu einem höheren Bewusstseinszustand erhalten.

Die meisten Menschen, mit denen ich gearbeitet habe, haben festgestellt, dass die Konzentration auf einen Ton am besten für sie ist, aber da das eine Sache der persönlichen Vorliebe ist, ermuntere ich Neulinge, die verschiedenen Methoden nacheinander auszuprobieren, um herauszufinden, welche Meditation am besten geeignet ist.

Meditation und Gesang gehören zu den besten Heilmitteln gegen Angst. In seinem Science-Fiction-Klassiker *Dune* beschrieb Frank

Herbert mit folgenden Worten den Begriff der Angst: *Ich darf keine Angst haben. Angst tötet das Bewusstsein. Angst ist der kleine Tod, der zu völliger Zerstörung führt. Ich werde meiner Angst ins Gesicht sehen. Sie soll mich völlig durchdringen. Und wenn sie von mir gegangen ist, wird nichts zurückbleiben. Nichts außer mir.*

Angst ist wirklich tödlich für das Bewusstsein, und ihre Manifestationen sind auch oft tödlich für den Körper. Meditation und Gesang sind wunderbar, um Stress zu lindern, einen lähmenden Abkömmling der Angst. Wenn wir über einen Ton oder einen Gedanken meditieren, lenken wir unsere Aufmerksamkeit von oberflächlichen Gedanken hin zu einem ruhigeren Denken. Beim Visualisieren sollten Sie sich Ihre wachen Gedanken so vorstellen, als würden sie auf einem horizontalen Bewusstseinsstrom dahinreisen; mit der Meditation bewegen die Gedanken sich in eine vertikale Richtung, was den Zugang zum Unendlichen ermöglicht, wo alle Gedanken ihren Ursprung haben.

Stellen Sie sich vor, Sie können an einen Ort gehen, wo Ängste nicht Ihr Denken beherrschen, wo es Antworten gibt, die Ihre Zweifel verringern, wo Sie den größeren Zusammenhang verstehen und wo drückende Sorgen ins rechte Licht gerückt und als belanglose Probleme erkannt werden.

Verständlicherweise sind da viele Menschen skeptisch. Schon so mancher hat mir zu verstehen gegeben, "sinnlose" Wörter auszusprechen sei einfach nur Hokuspokus, und es sei lächerlich zu glauben, dass irgendetwas Gutes bei diesen Wiederholungen herauskomme. Ein Mann sagte mir, er fände Meditation ungefähr so nützlich, wie seinen Bauchnabel anzustarren, eine Frau meinte, die Vorstellung zu singen bereite ihr Unbehagen. Vielleicht hatte sie ja unnötigerweise Angst, damit gegen ihren Glauben zu verstoßen. Aber Meditation und Gesang bringen das Heilige nur noch mehr zur Geltung.

Für die Skeptiker habe ich nur zwei Wörter: Versucht es. Mir ist noch niemand untergekommen, der nicht sowohl körperlich als auch geistig von Meditation profitiert hätte. Die größte Herausforderung für mich ist es, die Menschen überhaupt dazu zu bringen, damit anzufangen. Unkundigen kommt Meditation beschaulich und langweilig vor. Bei Aktivitäten, die Spaß machen, fällt ihnen anderes ein als Meditation. Natürlich ist der Prozess nicht mit schallendem Gelächter zu vergleichen, aber Meditation und Gesang schenken den Übenden häufig eine Freude, die sie so noch nie erlebt haben. *Diese Methoden sind Straßen zum reinen Bewusstsein, und in diesem Zustand erleben Sie einen Frieden und eine Klarheit, die zuvor unerreichbar schienen.*

 Pause

Immer wieder sehe ich den vielfältigen Nutzen, der durch Meditation entsteht. Viele Menschen kamen zu mir, weil sie an Bluthochdruck litten, und durch Meditation und Gesang konnten sie ihn erheblich senken. In vielen Fällen waren die Veränderungen so positiv, dass ihre Ärzte ihre Medikamente absetzten.

Estelle, eine meiner Schülerinnen, sagte, ihr Blutdruck "sprenge alles", obwohl sie mehrere Medikamente einnahm, die ihn eigentlich senken sollten. Nachdem sie mit regelmäßiger Meditation und Gesang begonnen hatte, verbesserte ihre Gesundheit sich allmählich. Die Vorteile ihrer neuen Lebensweise wurden auf die Probe gestellt, als Estelle und ihr Mann sich auf eine "Jahrhundertreise" begaben – sie sollte sie zwei Monate lang rund um den Globus führen. Allerdings ging Estelle direkt zu Beginn der Reise ihr Gepäck verloren, worin sich alle ihre Blutdruckmedikamente befanden. Aber statt die Reise zu verzögern und sich Ersatz für ihre Medikamente zu besorgen, beschloss Estelle, weiterhin morgens und nachmittags zwanzig Minuten lang zu meditieren.

Nach ihrer Rückkehr sagte sie mir: "Ich habe mich noch nie besser gefühlt." Estelle erzählte die Geschichte auch ihrem Arzt und gestand, dass sie zwei Monate lang keine Blutdruckmedikamente genommen hatte. Er war entgeistert. Er wusste, wie schlimm Estelles Bluthochdruck war, aber nachdem er ihren Blutdruck gemessen hatte, hörte er plötzlich mit seinen Vorhaltungen auf. Estelle war eine tickende Zeitbombe gewesen, jetzt hatte sie einen völlig normalen Blutdruck.

Andere Menschen haben mir ähnliche Geschichten erzählt, und sie hören beim Blutdruck nicht auf. Dank Meditation und Gesang brauchten viele Menschen keine Antidepressiva und andere Medikamente mehr. Manche Klienten sagten mir, sie hätten das Gefühl, ihre spirituelle Seite würde durch ihre Medikamente unterdrückt. *Dennoch rate ich jedem dringend, vor irgendwelchen Änderungen einen Arzt zu befragen, und weise ausdrücklich darauf hin, dass das Absetzen von Medikamenten gefährlich sein kann!* Nichtsdestotrotz würde ich aber niemals die positive Wirkung von Meditation und Gesang auf die Gesundheit unterschätzen.

In unserer schnelllebigen Welt hilft Meditation, das Tempo zu drosseln. Oft muss sich nicht nur Ihr Körper ausruhen, auch Ihr Geist hat das Bedürfnis, still zu werden. Er will den ständigen Lärm nicht hören. Sogenannte White-Noise-Generatoren werden immer beliebter. Ihr weißes Rauschen besteht aus vielen Frequenzen und kann daher andere Töne ausblenden. Zwar sind solche Generatoren eine Verbesserung gegenüber dem alten Ventilator zum Übertönen von Geräuschen, aber die innere Stille, die durch Meditation entsteht, können sie nicht produzieren.

Mit Meditationserfahrung sperren Sie nicht nur den Lärm aus, sondern erhalten auch Zugang zu einem Zustand reinen Bewusstseins, der Ihnen Frieden und neue Erkenntnisse schenkt. Immer wenn Sie auf dieses reine Bewusstsein zugreifen, wird ein weiteres Puzzleteil Ihres Lebens ganz von selbst sichtbar.

Offenbarungen wie diese gibt es allerdings nicht umsonst. Das Ego will die Kontrolle über den Geist nicht kampflos aufgeben.

Die häufigsten Störungen der Meditation gehen auf das Konto des Affengeistes. Normalerweise äußert sich das so, dass mitten in Ihrem Bemühen, den Geist zur Ruhe zu bringen, plötzlich ein Gedankenwirrwarr entsteht und Ihre Meditation unterbricht.

Diesem Stolperstein begegnete auch Janet und fragte sich verzweifelt, ob sie wohl jemals erfolgreich meditieren könnte. Janet war Mutter von drei Kindern und hatte einen Vollzeitjob. Nach eigenen Angaben hatte sie "keine Minute für sich allein". Als ich ihr anfänglich vorschlug, morgens mindestens zwanzig Minuten lang zu singen und zu meditieren sowie zwanzig Minuten nachmittags, reagierte Janet, als hätte ich ihr ein abscheuliches Verbrechen vorgeschlagen.

"Ich habe keine Zeit!", sagte sie.

Ich wäre reich, wenn ich einen Dollar für jedes Mal bekommen hätte, das ich diesen Satz schon gehört habe. "Wenn du singst", sagte ich, "räumst du damit Hindernisse beiseite. Was unbeweglich war, wird plötzlich beweglich, was unmachbar war, wird machbar. Und Meditation wird dir eine Klarheit schenken wie nichts anderes. Wenn du dein Schicksal beeinflussen willst, dann ist das der beste und direkteste Weg."

"Ich komme ja noch nicht mal dazu, vernünftig zu schlafen", sagte Janet. "Wie gesagt, ich habe keine Zeit."

"Ich weiß, dass es kaum zu glauben ist", sagte ich ihr, "aber du wirst feststellen, dass du damit Zeit gewinnst statt verlierst, und das ist erst der Anfang."

"Das hört sich an, als würde es gegen die Gesetze der Physik verstoßen", sagte Janet.

"Es gibt Dinge, die größer sind als die Gesetze der Physik", sagte ich.

Da ich sie so sehr ermuntert hatte, beschloss Janet, es zu versuchen. Das Ergebnis war nicht unbedingt als durchschlagender Erfolg zu bezeichnen, wie Janet mir postwendend einen Monat später berichtete.

"Es klappt überhaupt nicht", sagte Janet. "Immer, wenn ich versuche zu meditieren, kann ich nur an alles denken, was ich jetzt eigentlich tun müsste. Ein paar Mal dachte ich, ich stehe kurz vorm Durchbruch oder was auch immer, aber dann mischte sich immer die reale Welt ein. Irgendwie glaube ich, dass das nicht der Weg zur Erleuchtung ist."

Ich stellte Janet noch ein paar Fragen, und je mehr ich hörte, umso klarer wurde mir, dass ihr Affengeist (siehe Kapitel 8) sie fest im Griff hatte. Es stellte sich heraus, dass Janet Abkürzungen nahm. Meistens meditierte sie nur einmal täglich und dann auch nur für höchstens zehn Minuten.

"Jede Meditation ist besser als keine", sagte ich, "aber Erfolge, wie du sie willst, kannst du nicht erwarten, wenn du nicht mehr Zeit dafür aufbringst und täglich übst. Es liegt ganz an dir zu entscheiden, was für dich am besten ist, und dazu gehört eben mehr Einsatz. Sehr oft kommen Durchbrüche beim Meditieren erst in der achtzehnten oder neunzehnten Minute."

Janet gab verzweifelte Geräusche von sich.

"Manchmal glaube ich, das Universum testet gerne unseren Einsatzwillen", sagte ich. "Wir sind ungeduldig. Wir haben die Einstellung: 'Ich will es jetzt sofort.' Aber wir brauchen eben ein paar Anläufe, um bis zum Ende durchzuhalten. Und vielleicht ist von uns gerade deshalb Einsatz gefragt, um in Berührung mit der Stille zu kommen – dann können wir Dinge hören, die uns ansonsten verborgen bleiben."

"Wenn da etwas ist, was ich auf jeden Fall hören sollte", sagte sie, "dann könnte ich auch ohne diese ganzen Hürden auskommen."

"Glaubst du das wirklich?", fragte ich und erzählte Janet eine meiner Lieblingsgeschichten: *Der Kampf*. Es ist die Geschichte eines Mannes, der den Kokon eines Nachtpfauenauges fand und mit nach Hause nahm, um zu beobachten, wie der Falter aus dem Kokon schlüpfte. Jeden Tag untersuchte er den Kokon, um zu sehen, ob sich irgendetwas tat, und eines Tages, als er nach Hause gekommen war, war auf einer Seite des Kokons ein kleines Loch und der Falter kämpfte darum, nach draußen zu gelangen. Der Mann beobachtete, wie sehr sich der Falter anstrengte und unermüdlich versuchte, es aus der winzigen Öffnung zu schaffen. Stunden vergingen, aber der Falter kam kaum voran. Das Loch war einfach zu klein, dachte der Mann, und der Falter schien stecken geblieben zu sein.

Der Mann beschloss, dem Falter zu helfen, holte eine Schere und schnitt vorsichtig eine Öffnung in den Kokon. Jetzt konnte der Falter leicht hindurchschlüpfen. Aber als er herauskam, war sein Körper geschwollen und die Flügel verkümmert. Statt davonzufliegen, kroch der Falter mit seinem geschwollenen Körper und den verkümmerten Flügeln umher. Die Stunden verstrichen, aber er flog immer noch nicht. Nachdem noch mehr Zeit vergangen war, wurde klar, dass der Falter niemals würde fliegen können.

Der Mann hatte gedacht, dass er dem Falter etwas Gutes tat, ohne zu wissen, dass durch seinen Kampf, durch die winzige Öffnung des Kokons zu gelangen, Körpersäfte in seine Flügel gepresst wurden. Er kann nur fliegen, wenn er sich selbst aus dem engen Kokon kämpft; ohne diesen Kampf kann sich der Falter niemals in die Lüfte schwingen. Der Mann hatte gedacht, dass er dem Falter half, indem er ihm eine Abkürzung in den Kokon schnitt, aber da er dem Falter so seinen lebensnotwendigen Kampf vorenthielt, bewirkte er, dass er weder fliegen noch weiterleben konnte.

Die Parabel des Nachtpfauenauges berührte eine Saite in Janet. Sie hörte auf, Zeitmangel als Ausrede anzugeben, und beschwerte sich nicht mehr, es sei ihr "zu anstrengend". Janet wollte fliegen, und schon bald war es so weit. Sie nahm sich die Zeit, zeigte Einsatz und erntete die Früchte. Ihr Leben wurde weniger kompliziert; ihr zufolge machte das Singen bei ihr "reinen Tisch". Durch Meditation entdeckte sie Geduld und Verständnis, konnte einen Schritt zurücktreten und zur leidenschaftlichen Beobachterin werden. Ihre Familie profitierte sehr von den "Nebeneffekten" ihrer

Meditation. Janet wurde zu einer besseren, liebevolleren Mutter und Ehefrau, und ihre positive Einstellung war ansteckend. Ihre Familie wurde friedlicher, es gab weniger Zankerei und Dramen und dafür mehr Geduld und Verständnis. Es war fast so, als würde durch das Anknipsen ihres Lichtes etwas von ihrem Strahlen an jedes Familienmitglied weitergegeben. Durch Meditation fand Janet die Ausgeglichenheit, die in ihrem Leben gefehlt hatte.

"Was als Selbstreinigung begann", sagte sie, "wurde zu einer Reinigung, die über mich selbst hinaus und in die Welt ging."

So funktioniert Erleuchtung: Wenn Sie sich selbst helfen, helfen Sie auch anderen, und die ganze Welt gewinnt daran.

 Pause

Eine gute Meditation besteht normalerweise aus fünf Phasen: *Konzentration, Meditation, Kontemplation, Illumination* und *Inspiration*. Vor dem Meditieren konzentrieren Sie sich; durch Meditation verbinden Sie sich mit einer höheren Intelligenz; durch regelmäßige Meditation beginnen Sie, einen klareren Weg in Ihrem Leben zu sehen; im Zustand der Illumination umarmen Sie das Unendliche; und wenn Sie Inspiration erlangen, werden Sie frei von Ungewissheit und möchten der Menschheit dienen.

Ich bezeichne das Meditieren oft so: *über das Darüber-Hinaus* gehen. Der Name ist an Worte aus dem Herz-Sutra angelehnt (*sutra* ist das Sanskrit-Wort für "Faden"): *Darüber hinaus, darüber hinaus, noch weiter darüber hinaus, über die Erleuchtung hinaus und weiter!* Meditation führt Sie über das Darüber-Hinaus. Wenn Sie mit Meditation beginnen, findet oft eine große Veränderung in Ihrem Leben statt. Ich wurde von einer Studentin, der es vor allem um Geselligkeit und Spaß ging, zu einer Frau, die darauf brannte zu lernen und ihren Lebenssinn zu verwirklichen.

Eine der größten Offenbarungen in meinem Leben hatte ich, weil mir ein bestimmter Student in einer Vorlesung auffiel. Zuerst dachte ich, es sei nur die übliche Anziehung zwischen Mann und Frau, aber ich begriff bald, dass es viel mehr war als das. An diesem Kerl war etwas Besonderes, aber ich wusste nicht, was. Eines Tages sprach ich ihn an und erwähnte, was für eine Ruhe er ausstrahlte. Er sagte mir, dass er seit Jahren regelmäßig meditierte.

Innerhalb einer Woche begann ich zu meditieren und habe es nie mehr aufgegeben. Durch Meditation veränderte sich meine Welt von Grund auf. Ich war eine gleichgültige Studentin gewesen, die sich nicht sicher war, welchen Weg sie einschlagen sollte; plötzlich erkannte ich meinen Platz im College und wählte ein Hauptfach, das genau richtig für mich war. Meine Noten entwickelten sich von "naja" zu "spektakulär". *Ich überlegte nicht mehr, was gut oder schlecht für mich war; alles war klar. Wenn Sie einmal mit dem Meditieren angefangen haben, werden Sie merken, dass Verhaltensweisen, die nicht gut für Sie sind, ganz einfach von Ihnen abfallen.*

Sam der Raucher sträubte sich aus einem ungewöhnlichen Grund gegen Meditation: Ihm behagte die Vorstellung nicht, zwanzig Minuten am Stück ohne seine Zigaretten auskommen zu müssen. Ich hatte Sams Sucht auf einem Vortrag mitbekommen; es war ihm schwergefallen zuzuhören, ohne Nikotinpausen einzulegen.

"Ich rauche seit meinem sechzehnten Lebensjahr", gestand Sam mir.

Sams ständige Begleiter waren über dreißig Jahre lang immer griffbereit gewesen. Statt Sam Vorträge über die Nachteile des Rauchens zu halten, erklärte ich ihm die Vorteile der Meditation, und er willigte ein, es auf einen Versuch ankommen zu lassen. Ich sagte Sam nie, dass die Meditation ihn eventuell vom Rauchen entwöhnen würde, da ich wusste, dass sich dann sofort sein Affengeist einschalten und rebellieren würde, aber ich hoffte, dass das eines der Endergebnisse sein würde.

Ich blieb mit Sam per E-Mail in Kontakt und ermunterte ihn, mit dem Meditieren weiterzumachen. Sam war überrascht, dass er während des Meditierens nicht wie sonst immer das Verlangen nach Tabak spürte. Aber das war nur die erste von vielen Überraschungen. Eines Tages erhielt Sam beim Meditieren die klare Botschaft, dass er kein Bedürfnis mehr hatte zu rauchen.

"Ich hörte von einem Tag auf den anderen auf", sagte Sam mir eine Woche später. "Kennst du diesen Spruch von Mark Twain? Er sagte, es ist ganz leicht, mit dem Rauchen aufzuhören, er habe es schon hundert Mal geschafft. Der Spruch hätte von mir sein können. Aber diesmal ist es für immer."

Sam hielt Wort – und meditierte weiter. Ein Jahr lang meditierte er regelmäßig, fing dann aber einen anspruchsvollen Job an und ließ es immer mehr schleifen. Innerhalb kurzer Zeit rauchte Sam wieder zwei Packungen am Tag, fühlte sich damit aber nicht wohl. Sam sagte, er wisse nicht nur, dass Rauchen schlecht für ihn sei, sondern er habe auch erkannt, dass er sich durch Meditation erst ganz fühlte. Er machte wieder mit seiner Sucht Schluss, und diesmal sieht es so aus, als wäre es wirklich für immer.

Der wahrscheinlich häufigste Grund, den ich höre, nicht zu meditieren oder zu singen, ist "Zeitmangel". Es mag paradox klingen, aber einer der größten Vorteile der Meditation ist ihr "straffender" Effekt, durch den Sie tatsächlich mehr Zeit gewinnen. Ihr Leben wird entrümpelt, Ihr Weg wird leichter. Die meisten Leute verbringen viel Zeit damit herauszufinden, welche Richtung sie in ihrem Leben einschlagen sollen. Meditation gibt Antworten und weist die Richtung, sie spart tatsächlich Zeit. Manche Leute haben mir sogar berichtet, dass lästige Aufgaben plötzlich angenehm wurden.

Eines der Dinge, die Clint nicht an seinem Job als Immobilienmakler mochte, war die ständige Neugewinnung von Kunden, das heißt, rauszugehen und Visitenkarten oder Prospekte bei möglichen Neukunden zu hinterlassen. Viele Immobilienmakler bezahlen andere für die Akquise, sie mögen es nicht, Leute abzuklappern, um Interessenten zu finden. Clint wünschte sich, er könnte ebenfalls einen Bogen darum machen, sah aber ein, dass es notwendig war, da er auf diese Weise schon einige Aufträge erhalten hatte.

Heute liebt Clint es, auf Akquise zu gehen, weil er die Zeit nutzt, um zu singen. Die ehemals lästige Pflicht ist zu einem Vergnügen geworden.

Laura, Mutter von zwei Kindern, erzählte mir eine ähnliche Geschichte über das Geschirrspülen. Diese abendliche Pflicht mochte sie immer am wenigsten von allen, sagte sie, aber was früher eine Plackerei war, macht jetzt Spaß. Geschirrspülen raubte ihr immer Energie, jetzt singt Laura dabei und ist danach energiegeladen.

Ralph Waldo Emerson schrieb: "Vertraue dir selbst: Jedes Herz schlägt höher beim Klang dieser stählernen Saite." Wenn Sie singen, ertönt ein vibrierender Klang, eine Frequenz, auf die Sie sich einstimmen, die Dinge klärt, für deren Bewältigung Sie sonst übermäßig viel Zeit aufgewendet hätten. So viel in unserem Leben besteht aus nutzlosen Tätigkeiten, weshalb ich dafür bin, *nicht zu jammern, sondern zu singen.*

Meine Meditation hat mich an Orte geführt, die ich mir nie hätte vorstellen können. Es war eine Selbstentdeckungsreise, die mir half, den größeren Zusammenhang zu verstehen, und mir gleichzeitig Gelegenheiten bot, die sich mir sonst nie eröffnet hätten. Ich bin mir sicher, dass die Meditation für Sie genau dasselbe tun wird.

Es gibt zahlreiche Meditations- und Gesangstechniken, um Frieden zu finden, aber ich habe festgestellt, dass folgende Methoden besonders einfach im Alltag anwendbar sind und wirkungsvoll helfen, Angst loszuwerden und zu erwachen.

Über das Darüber-Hinaus

Finden Sie Zugang zum reinen Bewusstsein

(Meditation mit Tönen)

1. Suchen Sie sich einen ruhigen, bequemen Ort, wo Sie zwanzig bis fünfundzwanzig Minuten lang ungestört sein werden. Setzen Sie sich auf den Boden, wobei Ihre Wirbelsäule so gerade wie möglich ist und Ihre Hände in Ihrem Schoß liegen.

2. Wenn Sie es sich bequem gemacht haben, atmen Sie ein paar Mal tief ein und aus. Wenn Sie bereit sind, schließen Sie langsam die Augen und entspannen Sie sich.

3. Wenn Sie vollkommen entspannt sind, werden Sie sich Ihres Atems bewusst. Atmen Sie langsam durch die Nase ein und durch den Mund aus.

4. Atmen Sie tief in den Bauch. Nehmen Sie davon Kenntnis, wie er sich weitet und zusammenzieht. Atmen Sie weiter.

5. Beginnen Sie, Ihr Mantra zu wiederholen, oder konzentrieren Sie sich auf einen einzelnen Gedanken.

6. Richten Sie Ihre gesamte Aufmerksamkeit auf diesen Ton oder Gedanken, und wiederholen Sie ihn für die nächsten zwanzig Minuten.

7. Nehmen Sie den Gedankenstrom zur Kenntnis, der durch Ihren Geist fließt, aber seien Sie ein unbeteiligter Beobachter; reagieren Sie nicht auf diese Gedanken, sondern lassen Sie sie ihren Weg fortsetzen.

8. Wenn Sie diese Gedanken gehen lassen, wird Ihr Geist transzendieren, und Sie werden Zugang zur Weisheit in der Stille erlangen. Verweilen Sie für die verbleibende Zeit in diesem Zustand der Stille.

9. Werden Sie sich am Ende der Übung wieder Ihres Körpers und seiner Atmung bewusst. Öffnen Sie die Augen und werden Sie sich Ihrer Umgebung bewusst, während Sie gleichzeitig weiter den inneren Frieden des Ortes fühlen, an den Ihre Reise Sie geführt hat.

Bei regelmäßiger Übung werden Sie Zugang zum reinen Bewusstsein erlangen. Sie werden feststellen: Genauso wie regelmäßiger Sport die Kondition verbessert, schenkt konsequente Meditation Ihnen größere Erkenntnisse.

Mantras können auf dreierlei Art durchgeführt werden: laut; leises Aussprechen oder Summen; oder Wiederholung in absolutem Schweigen. Oft entscheiden die Umstände, wie Sie Ihr Mantra singen. Es wäre wohl kaum empfehlenswert, mitten in einem Film oder Meeting plötzlich mit lautem Singen anzufangen. Suchen Sie sich auf jeden Fall einen geeigneten Ort dafür.

Ich singe sowohl allein als auch in Gruppen gerne; Sie werden vielleicht feststellen, dass Sie eines bevorzugen. Viele Leute haben Freude an der Gemeinschaft und den Klängen, die in einer Gruppe entstehen. Um mit einer Gruppe in Ihrer Nähe Kontakt aufzunehmen, nutzen Sie eine Online-Suchmaschine; wahrscheinlich werden Sie überrascht sein, wie viele Gruppen in Ihrer Gegend Mantras singen. Dann gibt es auch noch Menschen, denen es wesentlich mehr bringt, allein zu singen; sie können so leichter "hören". Die folgenden Übungen sind dafür gedacht, allein oder in einer Gruppe zu singen.

Bitte seien Sie sich bewusst: Auch wenn es verlockend ist, beim Fahren oder Arbeiten zu singen, ist es nicht ratsam, dabei Maschinen zu bedienen! Denken Sie daran, dass man beim Singen leicht den Kontakt mit der physischen Welt verlieren kann; singen Sie also an einem sicheren Ort.

Zeit zu üben

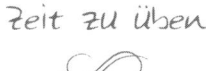

Nicht jammern, sondern singen

Erwachen

(allein singen)

1. Suchen Sie sich einen bequemen Stuhl zum Sitzen. Halten Sie Ihre Wirbelsäule gerade aufgerichtet. Wenn Sie lieber auf dem Boden sitzen, ist es nützlich, auf einem Meditationskissen zu sitzen, da es den Druck von der Wirbelsäule nimmt.

2. Bringen Sie Ihren Geist zur Ruhe und denken Sie an das Mantra, das Sie rezitieren werden.

3. Kontemplieren Sie weiter Ihr Mantra, während Sie den Äolischen Wind (siehe Kapitel 2) atmen.

4. Wenn Sie den Äolischen Wind beendet haben, singen Sie Ihr Mantra (denken Sie daran, Sie haben die Option, es laut zu singen, es auszusprechen oder es schweigend zu wiederholen).

5. Setzen Sie das Singen/Meditieren bis zu fünfzehn Minuten lang fort.

6. Wenn Sie fertig sind, bleiben Sie einige Minuten lang sitzen. Nehmen Sie die Veränderung in Ihrem Wesen zur Kenntnis, wie es sich zu Beginn anfühlte und wie jetzt. Erfreuen Sie sich an Ihrer inneren Ruhe.

7. Wenn Sie aufstehen, nehmen Sie zur Kenntnis, wie die Energie in Ihnen weiterschwingt.

Zeit zu üben

Nicht jammern, sondern singen

Mit Anderen Frieden finden

(in einer Gruppe singen)

1. Befolgen Sie, ob allein oder in einer Gruppe, Schritt 1 bis 3 aus der vorigen Übung.

2. Wenn das Singen in der Gruppe beginnt, singen Sie laut Ihr Mantra. Während das Mantra andauert, werden Sie bemerken, dass der Gruppenklang eins wird. Baden Sie in der Energie und dem Frieden, und singen Sie Ihr Mantra weiter.

3. Singen Sie fünfzehn Minuten lang weiter. Sie werden feststellen, dass manche Gruppen stundenlang singen. Um die positive Wirkung zu erleben, ist es nicht nötig, länger als fünfzehn Minuten zu singen, aber wenn Sie die Energie und die Freude noch länger spüren möchten, singen Sie ruhig weiter.

4. Nachdem Sie sich aus der Gruppe entfernt haben, gestatten Sie sich ein paar Minuten stiller Kontemplation und schwelgen Sie in den Nachwirkungen der Erfahrung.

5. Nehmen Sie sich jetzt Zeit, zur Kenntnis zu nehmen, wie die Hindernisse in Ihrem Leben verschwunden sind; das ist eines der großen Geschenke des Singens.

6. Das Licht, das in Ihnen angeknipst wurde, wird jetzt die Welt um Sie herum heller machen.

Ich kann mir keinen besseren Abschluss des Kapitels vorstellen als die Worte des Herz-Sutras, die Beschreibung eines Ortes, der weit von Angst entfernt ist: *Darüber hinaus, darüber hinaus, noch weiter darüber hinaus, über die Erleuchtung hinaus und weiter!*

Zeit zu üben

"Es war ein wertvoller Rat, der einem jungen
Menschen einmal gegeben wurde: Tue immer das,
wovor du Angst hast."
— RALPH WALDO EMERSON

Kapitel 11

Der Wandel des Langweilers:
Angst vor Neuem oder anderem

Wir alle kennen den Spruch: "Arbeit allein macht nicht glücklich." Die Wissenschaft untermauert dieses alte Sprichwort. Fachleute mit beeindruckenden Referenzen angesehener Universitäten zeigen immer wieder in Studien, dass Spaß gut für Körper, Geist und Seele ist. Zwanzig Sekunden Lachen sind für Herz und Kreislauf so wirkungsvoll wie eine Minute energisches Rudern. Wie der Autor Norman Cousins bemerkte: "Herzhaftes Lachen ist ein guter Weg, innerlich zu joggen, ohne vor die Tür gehen zu müssen." Lachen ist wirklich die beste Medizin. *Herzhaftes Lachen kann den Blutdruck senken, die Endorphinproduktion steigern und das Immunsystem ankurbeln.*

Neuere Studien der Mayo Clinic, USA, und des Psychiatric Center GGZ Defland, Niederlande, haben bestätigt, was viele schon vermutet haben: Menschen, die sich selbst als Optimisten beschreiben, leben fast zwanzig Prozent länger als Menschen, die sagen, sie seien Pessimisten. Die eigene Wahrnehmung hat viel mit der Lebenserwartung zu tun. Wenn Sie wahrnehmen, dass Sie an chronischem Stress leiden, werden Ihre Zellen schneller altern. Tatsächlich legt eine Studie der Yale University nahe, dass Menschen, die angeben, ständig gestresst zu sein, fast ein Jahrzehnt früher sterben als diejenigen, die mit sich selbst in Frieden sind. Wenn Sie glauben, dass Sie Ihre Gesundheit durch Ihre Lebensweise beeinflussen können, zum Beispiel mit einer positiven Einstellung, Sport und der Vermeidung schlechter Gewohnheiten, stehen die Chancen gut, dass Sie länger und glücklicher leben.

Wenn Sie sich auf eine positive Art und Weise loslösen, können Sie Stress verringern und emotionale Höhen und Tiefen vermeiden. Diese gesunde Perspektive in Ihrem Endlichen Zustand aufrechtzuerhalten kann sogar helfen, den Übergang ins Unendliche zu erleichtern.

Norman Vincent Peale gehört zu den bekanntesten Befürwortern des positiven Denkens. Peale stellte fest: "Wie Sie über ein Problem denken, ist wichtiger als das Problem selbst – also denken Sie immer positiv." Peale lebte seine Überzeugungen, war ein Botschafter des guten Willens und starb mit 95 Jahren. "Ändern Sie Ihre Gedanken", schrieb er, "und Sie ändern die Welt."

Nur allzu oft geben Menschen äußeren Ursachen die Schuld für ihre Unzufriedenheit. Dr. Peale argumentierte, dass Veränderung in unserem Inneren beginnt und nur Sie allein Ihre Lebenseinstellung bestimmen können. Er vertrat die Auffassung, dass es einen sicheren Weg zum Glück gibt, nämlich: Hoffnung zu praktizieren. "Aus der Pflege glücklicher Gedanken und Gewohnheiten", schrieb Peale, "entsteht auch ein glückhaftes Leben."

In seinem Buch *Der Arzt in uns selbst* beschreibt Norman Cousins, wie er seine schwere Krankheit mit glücklichen Gedanken, herzhaftem Lachen und Vitamin C bekämpfte. Nachdem er von seinen Ärzten eine düstere Prognose erhalten hatte, entließ Cousins sich (entgegen dem Rat seiner Ärzte) selbst aus dem Krankenhaus und zog in ein Hotel um. Statt über seine Krankheit nachzugrübeln, schaute Cousins lustige Filme (besonders die Marx Brothers und Abbot und Costello hatten es ihm angetan), las erbauliche Bücher und sah sich TV-Shows (wie *Candid Camera*) an. Cousins suchte und fand seine tägliche Dosis herzhaftes Lachen. Als er langsam wieder gesund wurde, bemerkte er: "Die Lebenskraft ist vielleicht die Kraft in unserer Welt, von der wir am wenigsten wissen." Seine gute Stimmung, da war er sich sicher, hatte ihn geheilt. "Optimismus wartet nicht auf Tatsachen", schrieb er. "Er befasst sich mit Möglichkeiten. Pessimismus ist Zeitverschwendung."

Wenn Sie Ihre Zeit mit Angst verschwenden und das Schlimmste denken, ist es Zeit, damit aufzuhören. Möglicherweise haben Sie Ihre Lebensfreude verloren und wissen es noch nicht einmal. Wie Cousins bemerkte: "Nicht der Tod ist die Tragödie des Lebens, sondern das, was in uns stirbt, während wir leben – der Tod wahrer Gefühle, der Tod inspirierter Antworten, das Bewusstsein, das es möglich macht, den Schmerz oder die Freude anderer Menschen in sich selbst zu fühlen."

Als Motivationstrainerin halte ich Vorträge über Spaß-Planung, in denen ich erkläre, dass Spaß kein Luxus, sondern eine Notwendigkeit ist. Mein typisches Publikum besteht aus gestressten Führungskräften, Vorgesetzten und Managern. Ich fand es schon immer paradox, dass ich bei diesen sogenannten Spaß-Vorträgen meist ein Publikum mit den denkbar grimmigsten Gesichtern vor mir habe. Wenn Komiker über schwieriges Publikum sprechen, haben sie mein volles Mitgefühl.

Meine Vorträge sind für Leute gedacht, die regelmäßig achtzig bis hundert Stunden pro Woche arbeiten und mit der Einstellung zu meiner Veranstaltung kommen, dass sie keine Zeit für Spaß haben. Meine Aufgabe besteht darin, ihnen das Gegenteil zu beweisen. Ich erkläre ihnen, inwiefern ihr Stress nicht nur ihnen selbst schadet, sondern auch ihrem Personal, und zeige ihnen Studien, laut denen sie bessere Vorgesetzte wären, wenn sie ausgeruhter und entspannter wären. Natürlich sind meine Vorträge mit vielen Albernheiten gespickt, mit spaßigen Hüten und Kostümen,

Witzen, die immer für Gelächter sorgen, und Publikumsbeteiligung (meist hole ich die trübseligsten Führungskräfte von allen auf die Bühne). Am Ende erhalte ich oft Standing Ovations, wenn auch nur aus dem Grund, dass ich ihnen – gestützt durch viele Fakten – die Erlaubnis erteilt habe, etwas anderes zu sein als Arbeitstiere.

Auf einem meiner Vorträge war Bob. Er war Ingenieur, leitete ein Büro und war ständig mit Projekten und Fristen beschäftigt. Einige meiner Aussagen fanden bei ihm Widerhall, und Bob vereinbarte einen Privattermin mit mir. Bei unserer ersten Begegnung sagte Bob über seinen Job und sein Leben: "Ich bin ständig von Krokodilen umzingelt."

Ich kicherte und antwortete: "Dann solltest du dir wohl besser einen neuen Sumpf suchen."

Bobs Frau hatte sich Jahre zuvor von ihm scheiden lassen, weil er keine Zeit für sie und die Kinder hatte. Aber selbst dieser Weckruf war für Bob nicht laut genug gewesen. Er schuftete weiter, und der Stress forderte seinen Tribut – seine Gesundheit begann sich zu verschlechtern. Bob hatte gehofft, irgendein Arzt hätte eine Pille für ihn, um ihn am Laufen zu halten, aber er wurde enttäuscht. Wie so viele Menschen steckte Bob in einer schrecklichen Tretmühle. Er litt an den Beschwerden, die Norman Cousins als *innerlich tot sein* beschrieb. Es war Zeit, ihm zu helfen, sein Licht wieder anzuknipsen, das so lange auf Sparflamme gewesen war, und ihn wieder lebendig zu machen.

Bob hatte zugelassen, dass sein Leben ihm abhandenkam. Wegen seiner langen Arbeitszeiten war nach seiner Aussage nicht mehr viel Zeit für anderes. Sein Abendessen kam meist aus der Mikrowelle, oder er holte sich irgendwo Fastfood. Er kam immer spät nach Hause, betäubte seinen Kopf mit Hochprozentigem, sah sich irgendetwas Todlangweiliges im TV an und begann die ganze Routine am nächsten Tag von neuem. Bob hatte keine Hobbys. Bei ihm lebten keine Haustiere, noch nicht einmal ein Goldfisch wartete zu Hause auf ihn, um ihn zu begrüßen.

Ich erstellte ein von mir so bezeichnetes *Spaßfaktor-Inventar* über Bobs Leben. Unter anderem fragte ich ihn:

Wie viel Spaß hast du im Moment?
Wann hast du das Haus oder Büro zuletzt ohne Handy, Tablet oder Laptop verlassen?
Wann war dein letzter Urlaub?
Welches Stressniveau hast du regelmäßig?
Wann hattest du zuletzt einen Tag voller Spaß, an dem du genau das erlebt hast, was du erleben wolltest?
Wann hast du zuletzt richtig gelacht?
Wann hast du zuletzt etwas Spontanes getan?

Als Bob mit dem Test fertig war, musste ich mich zusammenreißen, um nicht seinen Puls zu fühlen und zu überprüfen, ob er wirklich am Leben war. Aber Bob war sicherlich kein Einzelfall. Wir alle geraten in Tretmühlen; eingefleischte Gewohnheiten werden zur Lebensweise (oder vielleicht genauer: zu einer Lebensvermeidungsweise). Wir hören auf zu denken und werden mehr wie Roboter. Die meisten von uns erkennen nicht, dass wir so tief in der Tretmühle stecken, dass wir schon nicht mehr klar sehen können.

"Du musst unbedingt aus deinem Kopf heraus", sagte ich Bob. "Es ist Zeit, dass du *Athenas Gedankensprung* machst."

Bob blickte mich durch seine Brillengläser an, und ich las zu gleichen Teilen Neugier und Angst in seinen Augen. Er wollte wissen, was Athenas Gedankensprung war, hatte aber Angst zu fragen.

"Du musst aus deinem Kopf, Bob", erklärte ich. "Wenn ich den Leuten das sage, erinnere ich sie immer an die mythologische Geschichte über die einzigartige Geburt von Athene, Zeus' Tochter. Weil Zeus Angst vor der Prophezeiung hatte, dass ein Sohn seiner schwangeren Frau ihn eines Tages stürzen würde, verschlang er sie komplett. Aber seine Frau zu vertilgen, bekam Zeus nicht besonders gut. Er litt an schrecklichen Kopfschmerzen und quälte sich so sehr, dass er einen anderen Gott bat, seinen Kopf mit einem Blitz zu öffnen, um den Druck loszuwerden. Als Zeus' Haupt gespalten wurde, sprang Athena, die Göttin der Kunst und der Weisheit, als ausgewachsene Frau heraus."

Bob blickte weiter völlig verwirrt drein. Ich wies auf meine Stirn und tippte sie zur Verdeutlichung mehrmals an. "Athena sprang aus Zeus' Kopf. Du musst dem Gefängnis deines Kopfes entfliehen, und im Moment muss ich sagen, dass dein Kopf in einem nicht sehr angenehmen Teil deiner Anatomie feststeckt."

Bob brauchte einen Moment, um zu verstehen, worauf ich anspielte, dann trat der Anflug eines Lächelns auf sein Gesicht.

"Wenn ich die Leute anweise, Athenas Gedankensprung zu machen, dann bedeutet das, dass sie aus dem Alten herausspringen müssen. Du bist schon so lange in einer Höhle, Bob, dass es nicht leicht für dich sein wird, aus deinem Winterschlaf zu erwachen."

"Ich will es versuchen", sagte er.

Bobs gesundheitliche Einschränkungen in der letzten Zeit und die Erkenntnis, dass er nicht das Leben führte, das er wollte, hatten ihm den Anstoß gegeben, einen Weg einzuschlagen, den er sonst nie in Erwägung gezogen hätte.

"Ich werde dich bitten, ein paar Übungen zu machen, die du wahrscheinlich für verrückt halten wirst", sagte ich, "aber die Idee dahinter ist, dass ich möchte, dass du wieder alle deine Sinne zum Einsatz bringst. Im Moment bist du in Deckung und hast deine Sinne und Gefühle ausgeschaltet. Du steckst in einer Tretmühle und musst dich freistrampeln. Meine Hoffnung ist: Wenn du erkennst, dass du aus einer Tretmühle ausbrechen kannst, dann auch aus anderen. Wenn wir etwas Ungewöhnliches tun, öffnet der Geist sich neuen Möglichkeiten. Im Moment bist du in alten, zerstörerischen Mustern gefangen, weshalb wir daran arbeiten werden, dich daraus zu befreien."

Eine Wurzelbehandlung wäre Bob wahrscheinlich lieber gewesen, aber man muss ihm zugutehalten, dass er sich nicht aus dem Staub machte.

"Ich werde dir ein Medizinbündel schnüren", sagte ich. "Die Indianer waren für ihre Medizinbündel bekannt. Sie sammelten Dinge mit besonderer Bedeutung wie Federn, Tabak, Steine, Kräuter, Samenhülsen und Ähnliches. Manchmal trugen sie Totems ihrer Krafttiere bei sich."

Ich entschuldigte mich, holte einen Kordelzugbeutel aus Hirschleder und begann, ihn mit Dingen zu füllen, von denen ich hoffte, dass sie Bobs Sinne wieder in Gang bringen würden. Als ich Bob den gefüllten Beutel übergab, begann er, die Dinge so vorsichtig durchzusehen, wie ein Schlangenbeschwörer mit seinen giftigen Schützlingen hantieren würde. In seinem Bündel befanden sich Duftkerzen, Räucherstäbchen, Eicheln, einige Glöckchen, ein am Strand gefundener Mondstein, eine Minitrommel, eine kleine Tüte mit Obst und Gemüse, ein paar Massageöle, eine Auswahl an Aromatherapieprodukten, einige Salbeiblätter und Chakrasteine. Außerdem übergab ich ihm eine Kristallschale, die acht bunte Pakete mit Badekristallen enthielt.

"Heute wirst du ein farbiges Bad nehmen", sagte ich ihm. "Welche Farbe des Regenbogens wird es werden?"

Bob sah sich die Auswahlmöglichkeiten an, schluckte und sagte: "Türkis."

"Das ist ein guter Anfang für dich", sagte ich. "Türkis wird dir Zuversicht geben und deine Kommunikationsfähigkeit verbessern."

Ich vermutete, dass Bob seit zwanzig Jahren kein Bad mehr genommen hatte und sein Morgenritual in einer eiligen Dusche bestand.

"Du wirst mindestens fünfzehn Minuten in der Badewanne liegen, und wenn du damit fertig bist, wirst du dich etwas genauer mit den Aromen hierin befassen." Ich tippte mehrere Fläschchen an. "Hippokrates, den die Ärzte noch heute mit dem hippokratischen Eid würdigen, massierte seine Patienten mit Majoran-, Zypressen- und Myrrheöl. Aber die Aromatherapie wurde schon lange vor Hippokrates praktiziert. Es gibt sie schon seit über sechstausend Jahren."

Bob machte keine Anstalten, nach einem der Fläschchen zu greifen, daher schlug ich ihm vor, sich eins auszusuchen. Seine Hand schwebte über den Flaschen und traf schließlich eine Wahl.

"Lavendel", sagte ich, "eine meiner Lieblingssorten. Er beruhigt und verjüngt die Zellen. Besonders gut ist er bei hohem Blutdruck und Depressionen. Außerdem ist er wunderbar geeignet, um sehr schnell Wunden zu heilen, wenn er zum Zeitpunkt der Verletzung angewendet wird."

Bob nahm einen tiefen Atemzug, mochte den Duft, nickte und lächelte sogar.

"Wenn du einatmest, gehen die Nervenimpulse direkt in dein limbisches System", sagte ich und beschloss dann, das zur Melodie von *Dem Bones* weiter zu erläutern:

"Das limbische System ist verbunden mit dem Thalamus,
der Thalamus ist verbunden mit dem Hypothalamus,
der Hypothalamus ist verbunden mit dem endokrinen System
und all das ist verschaltet mit dem Gehirn."

Bob klatschte keinen Beifall. Ich erzählte ihm vom Nutzen der Aromatherapie (ohne weitere Gesangseinlagen), wie Gerüche das Gedächtnis und die Gefühle beeinflussen können und welche vielfältigen Einsatzmöglichkeiten Düfte haben.

Als wir Bobs Medizinbündel wieder auffüllten, wies ich ihn an, seine Nase zu benutzen (an weiteren Ölen und dann am Salbei zu schnuppern), seine Augen (während ich begeistert über den Nutzen von Farben sprach), seine Ohren (die Vibrationen und Frequenzen der Kristallschale, das Klingen der Glöckchen, und die Fingertrommel musste er auch spielen), seinen Tastsinn (während ich ihm die sieben Hauptchakren des menschlichen Körpers erklärte und wie die Chakrasteine Lebensenergie erzeugen) und seinen Geschmackssinn (er probierte eine Pflaume, eine Zuckererbse und etwas kandierten Ingwer).

Bobs Situation war ernster als die meisten – er kannte nur All-
tagstrott statt ein wirkliches Leben –, aber wir alle müssen immer
mal wieder daran erinnert werden, die Flügel auszubreiten und zu
fliegen.

"Wir vergessen, dass das Leben ein Abenteuer sein sollte", sagte
ich. "Vor kurzem fühlte ich mich gerade ein bisschen träge, als ich
ein Werbeplakat für einen Ball entdeckte. Ich machte mir nicht
besonders viele Gedanken darüber, aber später, als ich meine Atemübung machte und tief in meinen Betrachtungen versunken war,
sah ich ein Bild von mir, wie ich auf dem Ball tanzte.

Natürlich hätte ich sagen können, dass das nur ein merkwür-
diger Einfall war und ich keine Zeit für so ein Hirngespinst hatte.
Denn der Ball war ja nur ein paar Tage entfernt, und es gab tausend logische Gründe für mich, nicht hinzugehen, einschließlich
der Tatsache, dass ich keine Eintrittskarte, keinen Tanzpartner und
auch kein Ballkleid hatte. Und als wäre das noch nicht genug,
konnte ich noch nicht einmal Walzer tanzen."

Ich tippte mir auf den Brustkorb. "Trotz alldem wusste ich tief
in meinem Inneren, dass ich an dem Ball teilnehmen sollte. Jetzt
kann man natürlich sagen, dass das alberne Einbildung war; ich
sehe es so: Meine Muse wusste, dass es Zeit für mich war, etwas
Neues und anderes auszuprobieren. Innerhalb von achtundvierzig
Stunden schaffte ich es, ein Kleid aufzutreiben, zwei private Tanz-
stunden zu nehmen, einen Tanzpartner zu finden und auf den Ball
zu gehen. Mein Tanzpartner konnte keinen Walzer, das heißt, so
begrenzt meine Erfahrung war – ich wurde seine Tanzlehrerin, und
wir gingen eilig die Schritte durch, bevor wir uns auf den Weg
machten. Als der Ballabend zu Ende war, war ich sehr froh über
dieses Erlebnis. Mein Tanzpartner und ich machten die Prome-
nade, als würden wir schon unser ganzes Leben lang zusammen
tanzen. Das innere Leuchten dieses Abends ist mir bis heute geblieben. Manchmal müssen wir einfach die Hand nach dem Zauber ausstrecken, den das Leben uns anbietet."

Ich fragte Bob, ob er den Film *Tanz mit mir* kannte. Ich mag ja die japanische Version lieber als die amerikanische, aber beide sind einfach zauberhaft. Als Bob verneinte, schlug ich ihm vor, sich den Film vor unserem nächsten Termin anzusehen.

"Thoreau sagte, dass die meisten Menschen ein Leben in stummer Verzweiflung führen", sagte ich Bob. "Du wirst sehen, dass die Hauptfigur dieses Films an dieser stummen Verzweiflung litt. Er brauchte ein Ventil, um seine Verhaltensmuster zu ändern."

Bob brach mit einem prall gefüllten Medizinbeutel und einer Liste mit Anweisungen auf. Er versprach mir, zu atmen und zu meditieren. Als letzten Rat gab ich ihm mit: "Versuche, mindestens einmal pro Woche etwas Spontanes zu tun. Überrasche dich selbst."

Meine Erfahrung ist, dass ich über das hinausgehen muss, was ich bisher getan habe, um zu neuen Gedanken inspiriert zu werden. Außerdem habe ich festgestellt, dass ein Schwall positiver Energie folgt, wenn man etwas für andere Menschen tut. Manchmal lässt sich weiser Rat sogar auf Autoaufklebern finden. Einer meiner Lieblinge ist: "Übe dich in stillen Taten."

Seien Sie offen für das Unerwartete; haben Sie keine Angst davor. Synchronizität öffnet viele Türen, wenn wir sie lassen. Ein befreundeter Schriftsteller erzählte mir einmal die Geschichte, wie er seinen Vorlesungsplan bekam und sich wunderte, dass er irgendwie in einem Aufbaukurs für physische Anthropologie gelandet war. Statt den Irrtum zu berichtigen, erkundigte sich mein Freund nach dem Lehrinhalt und stellte fest, dass er noch nichts dergleichen gelernt hatte. Es gab bestimmte Teilnahmevoraussetzungen, aber statt sich davon abhalten zu lassen, ging mein Freund zu der Professorin und erklärte ihr die Situation. Er überzeugte sie durch sein offenkundiges Interesse, und sie ermunterte ihn, den Kurs zu machen. Mein Freund war fasziniert von dem Lehrinhalt. Jahre später sagte der Schriftsteller, dieser Kurs sei seine Inspiration für ein Buch gewesen, das landesweit von den Kritikern gelobt wurde.

Wenn unsere Sinne offen für neue Möglichkeiten sind, sehen und hören wir Dinge, die sonst vielleicht unbemerkt geblieben wären; das Universum öffnet sich – und Sie müssen sich nie mehr Sorgen machen, langweilig zu sein!

 Pause

Haben Sie keine Angst, Ihren Spaßgeist aus der Flasche zu lassen. Spontaner Spaß ist am besten, aber da sogar die besten Absichten oft rar gesät sind, ermuntere ich die Leute, Spaß auch zu planen, selbst wenn das wie ein Widerspruch in sich klingt. Sogar geplanter Spaß kann spontan sein, sobald man darin aufgeht. Reservieren Sie sich einen Termin dafür, und halten Sie ihn ein.

Überraschen Sie einen Freund oder Ihren Partner. Ein Überraschungsausflug ist ein tolles Abenteuer, das die Lebensgeister weckt. Eine meiner Lieblingsaktivitäten ist es, ein Picknick zu planen. Manchmal nehme ich einen besonderen Menschen mit in meinen sogenannten "Geheimgarten". Um es noch spannender zu machen, überreiche ich ihm dann das magische Elixier eines besonderen Kräutertees, eine duftende rote Rose und eine Aromatherapiepackung für die Augen (was hilft, die genaue Lage meines Gartens geheim zu halten!). Dann steigen wir ins Auto, öffnen das Verdeck, drehen die Musik auf – und los geht's. Wir genießen die frische Luft, lassen uns den Wind durchs Haar wehen und singen nach Herzenslust drauflos. Ach, es geht nichts über eine geheime, mysteriöse Zauberreise ...

Ich ermuntere die Leute, sowohl Ausflüge mit einem bestimmten Ziel zu machen (besonders an einen Ort, der die Sinne anregt, zum Beispiel zu einem wunderbaren Ausblick oder einem Lavendelfeld) als auch spontan zu sein. Es hat etwas unglaublich Erfrischendes, einfach ins Blaue zu fahren. Vielleicht möchten Sie einfach so weit fahren, wie sie mit einer halben Tankfüllung kommen. Halten Sie dabei auf jeden Fall nach ungewöhnlichen Orten für eine Zwischenpause Ausschau. Fangen Sie mit einem Einwohner ein Gespräch an. Sagen Sie ihm, dass Sie ortsfremd sind, und fragen Sie, ob es hier etwas Interessantes zu sehen gibt. Ich erkundige mich oft nach kurzen Wanderwegen oder ungewöhnlichen Aussichtspunkten. Sie werden staunen, wie die Menschen sich öffnen und was Sie so alles zu sehen bekommen.

Vor kurzem "verschrieb" ich einer Frau in einem meiner Workshops eine Autotour. Sie befolgte meinen Rat mit gemischten Gefühlen und kam in einen Laden für alles. Während Sie mit dem Besitzer sprach, entdeckte sie ein Flugblatt mit Werbung für ein Country-Musik-Festival noch am selben Tag. Bevor sie sich versah, war die Frau auf dem Weg zu dem Konzert. Dort angekommen, schloss sie sich einer Musikergruppe an; als das Konzert zu Ende war, wurde sie eingeladen, mit ihnen zu Abend zu essen, und danach gab es bis spät in die Nacht improvisierte Musik. Jetzt plant sie, auf ein Country-Musik-Konzert in einem anderem Bundesstaat zu fahren.

Sie brauchen kein Geld, um spontan zu sein. Alles, was Sie tun müssen, ist, ihre Fantasie spielen zu lassen. Verkleiden Sie sich, probieren Sie Bodysurfen aus, besuchen Sie einen Vortrag (in jedem Stadtgebiet werden alle möglichen Vorträge zu den unterschiedlichsten Themen angeboten – hören Sie sich auf jeden Fall mal einen an), gehen Sie auf ein Konzert, spielen Sie Trommel, beobachten Sie Vögel, bauen Sie eine Sandburg, besuchen Sie einen Streichelzoo, laufen Sie über eine Wiese mit Rasensprengern, springen Sie Seil (das zaubert Ihnen garantiert ein Lächeln aufs Gesicht), setzen Sie sich auf eine Wippe, schaukeln Sie im Park, gehen Sie nachmittags ins Kino, essen Sie ein Eis am Stiel, pusten Sie ein paar Luftballons auf, machen Sie einen Spaziergang im Regen. Haben Sie keine Angst, Ihr inneres Kind herauszulassen, denn ich garantiere Ihnen, dass dieses Kind ein bisschen Ferien vertragen kann. Kinder haben Spaß, ohne darüber nachzudenken, und das sollten auch Sie.

Überlegen Sie sich, sich für einen Kurs in einer Abendschule anzumelden (besonders für einen, der Ihre Sinne belebt). Wenn Sie einen Kurs in französischer Konversation machen, könnte das zum Beispiel ein guter Anreiz sein, im Frühling nach Paris zu fahren.

Nach einer Konferenz in Indien fand ich ein bisschen Ruhe und Erholung angebracht. Da ich das Land nicht kannte, sagte ich zu einem Hotelangestellten: "Ich möchte irgendwohin, wo es schön ist."

Er antwortete mit einem seligen Lächeln: "Dann sollten Sie nach Munnar fahren."

Er sagte mir, dass von der Stadt aus ein Bus dorthin fuhr und bald starten würde. Ich griff mir meine Tasche, fand die Bushaltestelle und bevor ich es mich versah, war ich auf dem Weg nach Munnar. Was ich nicht wusste, war, dass die Fahrt acht Stunden dauern würde und in Indien gerade eine heiß umkämpfte Wahl stattfand. Stellen Sie sich einen Dritte-Welt-Transport mit tausend Eindrücken (und ein paar gefühlten Nahtoderfahrungen) vor, bis ich mein Fahrtziel erreichte. Ich wusste nichts über Munnar, außer dass es schön sein sollte. Es war spät, als ich im *Tall Trees Munnar Resort* ankam. Ich hatte keine Reservierung, kannte niemanden und war allein, eine Fremde in einem fremden Land.

Als ich morgens aufwachte, fühlte es sich an, als würde ich auf Wolken schweben. Munnar liegt auf über 2000 Metern Höhe, und es sah aus, als ruhte mein Balkon auf einer Wolkenbank. Als der Nebel sich lichtete, fiel mein Blick auf grüne Weiten. Rundherum erstreckten sich endlose Kardamomfelder, so weit das Auge reichte. Später hörte ich die Geschichte, dass eine Göttin hier Rast gemacht hatte, um in einem nahegelegenen See zu baden, und die Landschaft immer noch von ihrem Besuch gesegnet war. – Ich hatte eine Frage gestellt und mich ins Unbekannte gewagt, und nun fühlte ich mich wie im Himmel.

Für ein Abenteuer müssen Sie nicht ins Ausland reisen; eine aufreibende Acht-Stunden-Busfahrt ist gar nicht nötig. Wenn Sie offen für neue Möglichkeiten sind, können Sie alle möglichen Abenteuer in Ihrem eigenen Garten erleben. Aber es genügt nicht, einfach nur dem Stress zu entfliehen. Nervennahrung, Lieblingsbücher und Filme können Ihnen durch harte Zeiten helfen, aber streben Sie nach mehr, als nur mit den Dingen fertig zu werden – seien Sie spontan, gehen Sie raus und leben Sie!

Haben Sie keine Angst, Ihre Komfortzone zu verlassen. Manchmal muss Ihr Herz laut schlagen, um zu singen. Wenn Sie eher mit der linken Gehirnhälfte denken, also logisch und analytisch, verpassen Sie Ihrer rechten Gehirnhälfte ein Workout und tun Sie etwas Willkürliches und Spontanes.

Bob war es gewohnt, in Abschnitten zu denken und alles der Reihe nach zu tun; ich schlug ihm vor, daran zu arbeiten, sich das Gesamtbild anzusehen und intuitiv zu sein. Mit der Zeit besserte sich Bobs Verfassung und er war nicht mehr so vorprogrammiert. Er fand Gefallen an Aromatherapie und farbigen Bädern. Die Atemübungen senkten seinen Blutdruck, und er begann sich von der Arbeit freizunehmen. An seinen freien Tagen begann er zu reisen; Camping wurde ein vergnügliches Hobby für ihn – sein erstes in einem Vierteljahrhundert.

Es würde ein bisschen zu weit gehen zu behaupten, dass der langweilige Bob zum charismatischen Bob wurde, aber sein Leben verbesserte sich und wurde viel interessanter für ihn.

Denken Sie einmal an Ihr eigenes Leben. Wenn die Welt eine Bühne ist, ist es Zeit, dass Sie Ihre Rolle darauf spielen. Vielleicht ist es Zeit für *Athenas Gedankensprung* ...

Athenas Gedankensprung

Befreien Sie Ihren Geist
und haben Sie mehr Spaß im Leben

1. Erlauben Sie sich, Spaß zu haben. Lassen Sie den Spaßgeist aus seinem Flaschengefängnis!

2. Öffnen Sie Ihren Geist, um über Dinge nachzudenken und zu träumen, die Sie schon immer tun wollten, aber noch nie getan haben.

3. Falls es sich um ein langfristiges Ziel handelt, für das Sie sparen oder planen müssen, beginnen Sie mit den notwendigen Schritten. Das bedeutet aber nicht, dass Sie nicht auch schon jetzt Spaß haben können. Es ist Zeit, anzuhalten und an Blumen zu schnuppern (im wörtlichen Sinne!). Begeben Sie sich an Orte oder in Situationen, wo Sie alle Ihre Sinne einsetzen können.

4. Machen Sie es sich zum Prinzip, Dinge zu tun, die Sie noch nie getan haben (vor allem Aktivitäten, die Ihnen Spaß machen könnten). Sie werden feststellen, dass Ihr Leben sich vom

Gewöhnlichen zum Ungewöhnlichen wandeln kann, wenn Sie nach diesen Gelegenheiten Ausschau halten.

5. Kommen Sie aus Ihrem Kopf heraus. Immer die gleiche alte Geschichte macht alt und meißelt Ihre Gewohnheiten vorzeitig in Stein. Laufen Sie barfuß im Sand, verbringen Sie einen Tag im Schnee. Sie müssen nicht erst Geburtstag haben, um das Leben zu feiern.

6. Vielleicht brauchen Sie ein eigenes Medizinbündel. Überlegen Sie, was Ihnen in Ihrem Leben heilig ist und was gebraucht wird.

7. Schenken Sie auch anderen Spaß und Spannung, und lassen Sie sie an Ihrem Spaß teilhaben. Geteilte Freude ist doppelte Freude.

8. Spontaner Spaß ist am besten, aber verlassen Sie Ihre Tretmühle auch mit anderen Mitteln. Vielleicht sind Sie in einer stagnierenden Beziehung; falls ja, planen Sie "Spaßtage" ein.

9. Falls Sie Spaß einplanen müssen wie einen Termin, sind Sie eventuell näher am langweiligen Bob dran, als Sie meinen. Viel zu tun zu haben, ist keine Ausrede, langweilig zu sein und nicht zu leben! Brechen Sie aus, wagen Sie etwas und haben Sie Spaß!

Zeit zu üben

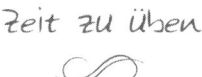

Fürchte nicht, dass dein Leben eines Tages endet.
Fürchte nur, dass du nichts damit anfängst.

— ANONYM

Kapitel 12

Umgang mit Sterblichkeit:

Angst vor dem Tod

Die Angst vor dem Tod ist universell. Wenn Menschen allerdings zu mir von dieser Angst sprechen, dann kommt meist dabei heraus, dass sie sich nicht so sehr vor dem Tod fürchten wie vor einem unerfüllten Leben.

Menschen, die fast gestorben sind, sagen oft, dass sie ihr Leben blitzschnell vor ihren Augen vorbeiziehen sahen. Versuchen Sie einmal ganz schnell, Ihr Leben zu visualisieren. Hat es sich so entwickelt, wie Sie es gerne gehabt hätten? Falls nicht, ist es Zeit für Sie, eine *Lebensliste* zu schreiben. Hier einige Fragen, die Sie sich selbst stellen sollten:

Was sollte ich jetzt gerade in meinem Leben tun?
Was will ich tun, das ich nicht tue?
Was habe ich nicht getan, das ich unbedingt tun will?
Wem habe ich nicht vergeben (Lebenden und Toten)?
Mit wem müsste ich Zeit verbringen?
Wem habe ich geholfen, und wem sollte ich helfen?
Bin ich anderen zu Diensten gewesen?

Aufgrund meiner Arbeit habe ich schon viele Nachtwachen an Sterbelagern verbracht. Immer wieder bin ich gebeten worden, Sterbenden zu helfen, mit ihren Problemen fertig zu werden. Die letzten Stolpersteine haben meist mit Vergebung und Beziehungen zu tun. Dieses "Durcheinander" stört oft den Übergang zum Tod. Sie tun sich selbst einen Gefallen, wenn Sie sich mit diesen Problemen lieber heute als morgen befassen.

Der französische Ausdruck *raison d'être* bedeutet *Existenzberechtigung*. Künstler sagen oft, dass ihre Leidenschaft, etwas Neues zu erschaffen, ihre *raison d'être* ist. Wenn Sie den Tod fürchten, ist die Chance groß, dass Sie sich Ihre *raison d'être* noch nicht nutzbar gemacht haben oder etwas nicht verfolgt haben, wovon Sie wissen, dass Sie es hätten tun sollen. Die tickende Uhr sollte eine Mahnung für Sie sein, die Dinge im Leben zu tun, zu denen Sie berufen sind, während Sie noch Zeit haben.

Wenn Sie wie so viele Menschen den Tod mit großer Angst betrachten, sollten Sie sich überlegen, Ihre Sichtweise zu ändern: Sterblichkeit relativiert andere Ängste. Der Tod sollte Ihr "Regenschirm" sein, der Sie vor dem Niederschlag anderer Ängste schützt. Denken Sie daran, wie Menschen auf einen schlimmen, aber nicht tödlichen Verkehrsunfall reagieren. Ihre Reaktion ist unweigerlich: "Dem Himmel sei Dank, dass dir nichts passiert ist." Kosten, Probleme, selbst kleinere Verletzungen relativieren sich im Schatten des Todes. Tatsächlich wachsen wir oft an Widrigkeiten. Wie Nietzsche sagte: "Was mich nicht umbringt, macht mich stärker."

So tiefverwurzelt unsere Angst vor dem Tod ist – sie verschwindet, sobald Sie herausfinden, wie Sie den Quell anzapfen können, der ein Teil von uns ist, aber über uns hinausgeht. Es gibt einen unsterblichen Teil in jedem von uns, der den Tod überlebt. Dabei ist es unerheblich, ob Sie ihn *Seele* nennen wollen oder *Funken aus dem Feuer des Universums* oder *Gnadenzustand*. Allen, die die Sicherheit dieses Ortes kennen wollen, diese Gewissheit des Lebens nach dem Tod, sei geraten, die Methode der *Hingabe* zu erlernen.

Die meisten Leute mögen den Begriff "Hingabe" nicht. Sie stellen sich darunter vor, aufzugeben, zu kapitulieren, die weiße Fahne zu schwenken. Nur wenige wollen akzeptieren, sich zu unterwerfen. Hier aber werden wir durch Hingabe nicht kleiner, sondern größer. *Wenn wir unser Leben der Unendlichen Intelligenz hingeben, bekommen wir mehr zurück, als wir uns jemals hätten vorstellen oder erhoffen können. Wenn wir akzeptieren, dass wir nicht der einzige Lenker in unserem Leben sein müssen, begeben wir uns auf eine Reise jenseits unserer wildesten Vorstellungen.*

Bei der Übung, den Gordischen Knoten zu lösen (siehe Kapitel 4), lernen Sie, nicht mehr von der Vergangenheit kontrolliert zu werden. Wenn Sie auf die Vergangenheit zurückblicken und verstehen, dass diese Erinnerungen jetzt einfach Geschichten statt aktuelle Ereignisse sind, befreien Sie sich von diesen Fesseln. Gewöhnlich wird unser Handeln von unserer Wahrnehmung diktiert. Die Menschen fürchten den Tod ihres Körpers. Aber wenn Sie lernen wahrzunehmen, dass Ihr Körper nur ein Gefäß ist (wenn auch eines, das geachtet werden muss), wird der Tod nichts Angstmachendes mehr für Sie haben, denn Sie werden erkennen, dass Ihr Körper lediglich eine Hülle ist.

In seinem Stück *Ende gut, alles gut* schrieb Shakespeare: "Das Gewebe unseres Lebens besteht aus gemischtem Garn, gut und schlecht durcheinander." Sie können gemischtes Garn entstehen lassen; ich nenne es *"entwirrtes Wissen"*. Wie? Indem Sie sich den körperlichen und geistigen Fesseln hingeben, die dem Menschen zu eigen sind, und zur Gnade finden. Wenn Sie transzendieren, verlieren Sie das Bewusstsein für Ihr körperliches Wesen und werden zu einem Beobachter außerhalb Ihres Körpers. Durch die Befreiung von Ihrer Hülle und den Zugang zum Göttlichen werden Sie lernen, dass Ihr Körper Illusion ist und die Seele ewige Realität. Dieses Konzept ist schwer zu verstehen, denn wir haben gelernt, mit unseren fünf Sinnen zu denken, und wir sind mit der Vorstellung aufgewachsen, dass "sehen gleich glauben" ist. Stellen Sie sich das Leben als Kostümball vor; am Ende des Balls ist unsere physische Form einfach ein weiteres Kostüm, das abgelegt wird. Wenn Sie dieses entwirrte Wissen erfahren, werden Sie die Angst vor dem Tod vollständig verlieren (und alle anderen Ängste relativieren, so dass sie nur noch bedeutungslos sind).

 Pause

Kurz nachdem ich Emma zum ersten Mal begegnet war, erkrankte sie an Krebs. Ihre Prognose war nicht gut, ihr Krebs reagierte nicht auf die Behandlung. So krank Emma auch war, schien sie Trost in den in diesem Buch beschriebenen Übungen zu finden. Die Atemübungen halfen ihr mit dem Schmerz, durch das Darüber-hinaus-Gehen und Singen (siehe Kapitel 10) fühlte sie sich besser, aber was Emma mehr als alles andere half, war der Moment, als sie ihren Durchbruch erlebte und sie sich hingeben konnte. Als sie sich vollkommen hingab, hatte sie keine Angst mehr vor dem Tod. Statt über ihre Krankheit nachzugrübeln, begann Emma, ihren Platz im Masterplan des Göttlichen herauszufinden.

"Ich wusste, was ich tun musste", sagte Emma, "und zu sterben war kein Teil dieses Plans. Obwohl mir Krebs diagnostiziert worden war, wollte ich mein Möglichstes für die Menschen tun."

Emma wusste, wie schwer ihre Krankheit war, und versuchte nicht, ihren Zustand zu verleugnen. Aber sie wusste auch, dass ihre menschliche Identität nicht das Ende ihres ewigen Selbst war.

Als Emmas Krebs sich zurückbildete, bezeichneten die behandelnden Ärzte ihre Genesung als Wunder. Emma war dankbar, wieder gesund zu sein, und wusste, dass sie die richtige Entscheidung getroffen hatte, sich einem größeren Sinn hinzugeben. Ihr war klar, dass sie jetzt "Arbeit" zu erledigen hatte. Mit einem neuen Lebenssinn wurde Emma ehrenamtliche Mitarbeiterin in einem Hospiz und half den Sterbenden, ihren Übergang besser zu bewältigen. In den folgenden Jahren machte Emma eine 180-Grad-Wendung in ihrer Karriere und wandelte sich von einer Finanzberaterin zur Mitarbeiterin eines Hospizes mit dem Schwerpunkt, für das Wohlergehen der Patienten zu sorgen, statt nur nach Heilungsmöglichkeiten zu suchen. Nachdem sie gelernt hatte, sich hinzugeben, erkannte Emma die ihr zugedachte Rolle und ist nun für Menschen da, um ihnen bei ihrem Übergang Trost zu spenden.

Auch Stephanie war eine Person, die ihre Rolle im Leben erst im mittleren Alter verstand. Da ihre Erkenntnisse erst spät kamen, hatte Stephanie, wie sie freiheraus zugab, eine "bewegte Vergangenheit".

"Ich trank, nahm Drogen und war eine schlechte Mutter", gestand Stephanie. "Für die meisten Leute in der Stadt hätte ich gleich einen scharlachroten Buchstaben als Abzeichen der Ehebrecherin tragen können."

Als Stephanie mit täglicher Hingabe begann, sagte sie: "Ich wurde Teil von etwas, das wesentlich größer ist als ich selbst."

Heute hat Stephanie einen Vollzeitjob, arbeitet ehrenamtlich in einem Frauenhaus und ist ihrer jetzt erwachsenen Tochter eine gute Mutter geworden.

Von allen in diesem Buch beschriebenen Übungen wird es wahrscheinlich die größte Herausforderung sein, Hingabe zu erlernen. Wenn Sie sich vollkommen hingeben, kann Ihr bisheriges Leben so nicht mehr weitergehen. *Für die meisten Leute ist es extrem schwierig, ihre Aufmerksamkeit von ihrem Selbst dorthin zu lenken, wo das Selbst nicht existiert. Ihr Ego wird jeden vorstellbaren Grund finden, sich dieser Hingabe zu widersetzen.* In der Endlichen Welt hören Sie auf Ihre Selbstwahrnehmung und können deshalb nur das kleine Bild sehen; in der Unendlichen Welt wird die göttliche Ordnung klar, und Sie sehen das große Bild. Anfangs ist dieser Bewusstseinswandel für die meisten Menschen bestürzend und verwirrend; wenn sie in der Unendlichen Welt sind, wollen sie diesen Frieden und dieses Verstehen nicht wieder verlassen; ihre Rückkehr in die chaotische Endliche Welt bringt ihnen neue Zweifel und Ungewissheiten. Aber mit der Zeit entsteht durch den Übergang zwischen dem Endlichen und Unendlichen ein wunderschön gewebtes Tuch, und der Wechsel zwischen den Welten geschieht ganz mühelos.

Es ist schwierig, wenn nicht sogar unmöglich, diese Reise allein zu unternehmen. Lewis und Clark zählen zu den berühmtesten Forschungsreisenden aller Zeiten, aber genauso, wie sie auf ihrer Reise Führer hatten, werden auch Sie einen brauchen. Wenn Sie sich Ihren spirituellen Führer aussuchen, sehen Sie sich an, welches Leben er führt, und vergewissern Sie sich, dass es mit Ihrer Weltsicht kompatibel ist. Lässt er seinen Worten Taten folgen? Finden Sie heraus, wie lange er seinen Beruf schon ausübt und ob er bereitwillig und uneigennützig anderen Menschen hilft. Bei der Wahl Ihres spirituellen Helfers finde ich folgende Voraussetzungen wichtig:

Er führt Sie auf einen Pfad, statt Ihnen zu sagen, wo es langgeht.

Er lehrt Sie, eigenständig zu sein.

Er wertet nicht.

Er ermächtigt Sie, sich selbst zu verstehen und Ihre eigenen Entscheidungen zu treffen.

Er versteht seine Aufgabe als Helfer und hält angemessene Grenzen zu seinen Schülern aufrecht, um ihre spirituelle Reise zu unterstützen. Sie brauchen einen Lehrer, keinen Freund.

Kevin hatte Mühe mit der Hingabe. Sein ganzes Leben lang war er auf Erfolg getrimmt worden, und es fiel ihm schwer, die Kontrolle aufzugeben. Kevin arbeitete "in der Welt der harten Fakten", wie er sagte. Informationen aus dem Unendlichen zu beziehen und danach zu handeln, war für ihn schwer vorstellbar. Je erfahrener man mit der Hingabe wird, umso flüssiger wird der Prozess. Der Unterschied kann so drastisch sein wie der zwischen einem GPS-System und der Nutzung von Sonne und Gestirnen.

"Wie kann ich mir sicher sein, dass ich mich erfolgreich hingegeben habe?", fragte Kevin mich.

"Wenn du im Frieden bist, wirst du es wissen", sagte ich.

Er hörte sich enttäuscht an: "Das ist alles?"

"Wenn du in Angst bist, bist du noch in deinem Endlichen Geist mit seinen so wahrgenommenen endlichen Ressourcen", sagte ich. "Im Unendlichen Geist existiert keine Angst, weil die Konzentration auf das Selbst wegfällt."

Zu Kevins Job gehörte es, Präsentationen über spezielle Softwarepakete seiner Firma zu halten. Er war es gewohnt, vor kleinen Gruppen zu sprechen, aber das änderte sich, als sein Chef ihm mitteilte, dass er beim nächsten Mal 2000 Leute vor sich haben würde. Kevin plante diesen Vortrag sorgfältig, aber als er auf der Konferenz ankam, fühlte er sich, als hätte man ihm den Boden unter den Füßen weggezogen. Er erfuhr, dass er auf einem Podium sprechen würde und, statt mit vertrauten AV-Geräten und Handmikrofon zu arbeiten, seine Präsentation in das Multimediasystem des Konferenzzentrums würde integrieren müssen. Statt die Kontrolle zu haben, hatte Kevin das Gefühl, auf Gedeih und Verderb unbekannten Geräten ausgeliefert zu sein.

"In diesem Moment beschloss ich, mich hinzugeben", sagte er. "Ich gab die Kontrolle auf und gab mich dem Göttlichen hin, und ich erhielt die Botschaft zurück, dass ich mir keine Sorgen machen und keine Zweifel haben sollte. Statt vor den ganzen Hightech-Spielereien Panik zu bekommen, akzeptierte ich alles, was mir vorgesetzt wurde."

Als hätte es so im Drehbuch gestanden (und dessen ist Kevin sich sicher), fiel das System direkt vor Kevins Vortrag aus. "Es gab keinen Teleprompter", sagte er, "keine Buck-Rogers-Lightshow, keine Kopfhörer, kein Mikro. Nur mich und meine Rede."

Als Kevin geendet hatte, bekam er Standing Ovations. "Ich machte mir keine Sorgen", sagte er, "und ich hatte keine Zweifel, und alles ging besser aus, als ich es mir je hätte vorstellen können."

Für Kevin war es ein Neuanfang. Er begann, seine Seele bei allen Entscheidungen zurate zu ziehen und begab sich auf den Pfad eines herzzentrierten Lebens. Die physische Welt war dieselbe, aber alles war anders. Als sich Kevins Wissen änderte, änderten sich seine Werte. Von nun an war die Welt nicht länger eine "Welt der harten Fakten" – sondern viel mehr.

Denken Sie an eine Rose in ihrer frühen Wachstumsphase. Die Knospe offenbart weder ihre künftige Schönheit noch ihren wunderbaren Duft. *Das menschliche Potenzial ist genauso. Wenn wir Hingabe lernen, blühen wir ganz auf. Die Versuchung liegt darin, im Frieden des Unendlichen zu verweilen, aber die Welt wird zu einem besseren Ort, wenn Sie in die Endliche Welt zurückkehren und die Gnade, die Ihnen geschenkt wurde, mit anderen teilen.*

Die Übung *Hingabe: Weben Sie ein Tuch der Gnade* verschafft ein Wissen und eine Kraft, die nur ganz nachvollziehbar sind, wenn sie erlebt werden. Eine Person, mit der ich arbeitete, machte eine achtmonatige Phase in ihrem Leben durch, in der sie sechs Familienangehörige verlor. Durch Hingabe wurde sie zum Anker für die Überlebenden und gab die Kraft weiter, die ihr geschenkt worden war.

Da Hingabe lebensverändernd ist, machen Sie sich darauf gefasst, dass in der Endlichen Welt Neuausrichtungen stattfinden werden. Nach ihrer Teilnahme an mehreren meiner Workshops begann Deborah, Hingabe in ihrem Leben zu praktizieren. Ihr ganzes Leben als Erwachsene war Deborah eine höhere Führungskraft gewesen. Wohin sie auch ging, Deborah hatte Erfolg. Ihr Job hatte ihr immer große Zufriedenheit gebracht, aber durch ihre Hingabe erhielt sie eine ganz andere Botschaft. Deborah wusste, dass ihr Job nicht mehr der richtige für sie war, aber ihr Zugehörigkeitsgefühl war so stark, dass sie sich nicht wohl dabei fühlte zu kündigen. Sehr zu Deborahs Überraschung wurde sie eines Tages ins Büro des Personalleiters gerufen. Er sagte ihr mit großer Betroffenheit, dass die Firma sich zum Personalabbau gezwungen sah und sie gehen musste.

Die alte Deborah wäre schockiert und wütend gewesen. So etwas passierte ihr nicht. Sie war immer die Antwort, nie das Problem. Aber die neue Deborah konnte nur sagen: "Danke, ich danke Ihnen sehr." Ihre Dankbarkeit kam von Herzen - Deborah wusste, dass sie im Begriff war, eine neue Karriere zu beginnen, die für sie bestimmt war.

Der Personalleiter war schockiert. Eine solche Reaktion auf eine Kündigung hatte er noch nie erlebt. Deborah schüttelte ihm dankbar die Hand und ging. Im Flur traf sie einen Kollegen und erzählte ihm die Neuigkeiten. Er war überrascht von ihrer Fröhlichkeit, daher erzählte Deborah ihm von ihrem neuen Leben und dass sie es kaum erwarten konnte zu erfahren, was ihre Bestimmung war. Sie erzählte ihm über das Darüber-hinaus-Gehen und die unvorstellbaren Perspektiven, die durch Hingabe entstehen. Sie sprachen über eine Stunde miteinander und blieben in Kontakt, nachdem Sie ihren Arbeitsplatz verlassen hatte. Laut Deborah gestand er, sie sei seine "Inspiration".

Innerhalb eines Monats bekam Deborah sechs Jobangebote. Die meisten boten ihr wesentlich mehr Geld als in ihrem letzten Job, aber Deborah wusste, dass ihre Entscheidung nicht wie früher auf finanziellen Aspekten beruhen würde - denn sie erhielt jetzt Weisungen aus einer anderen Welt als der materiellen.

Die Gewissheit, die Deborah und andere durch Hingabe erlangt haben, überträgt sich auf alle Aspekte des Lebens - und des Todes. Wenn Sie sich über etwas Größeres im Innen und Außen bewusst sind, werden Sie sich auch bewusst, dass der menschliche Körper eine Hülle für Ihr wahres Wesen ist. Haut und Knochen definieren Sie nicht länger, und mit diesem Bewusstsein hat der Tod für Sie nichts mehr mit Angst zu tun. *Durch Ihren Zugang zu etwas, was über Ihren Körper hinausgeht, erkennen Sie, dass der körperliche Tod nicht den Lebensfunken auslöschen wird, der Ihre Seele ist.*

Pause

Vor Jahren war ich in einen Autounfall verwickelt. Da ich ein körperliches Trauma erlitt, war mir ein Leben wie vor dem Unfall nicht mehr möglich. Zuerst war ich wütend; mein Leben fühlte sich an wie in einer Warteschleife. Ich schaffte es nicht aus dem Bett und musste schließlich meinen Job aufgeben. Aber ich blieb nicht lange wütend; stattdessen praktizierte ich die Methode der Hingabe. Mein Unfall bewirkte, dass ich tiefer als je zuvor in das Unendliche vordrang, und im Laufe meiner Heilung gewann ich ein größeres Verständnis, als ich mir je hätte vorstellen können. Infolge meines Unfalls wurde mir der größere Zusammenhang klar. Bereicherungen *und* Herausforderungen kamen genauso, wie es nötig war. Die Herausforderungen spornten mich an, über meine menschliche Identität hinauszugehen; die Bereicherungen schufen Gelegenheiten für mich, um die Weisheit des Lebens besser zu verstehen. Mein Autounfall – der, wie ich jetzt weiß, kein Zufall war – war der Höhepunkt einer Reihe von Herausforderungen. Was ich zuerst als Rückschlag empfand, wurde zu einem Segen, der mich zu meiner Lebensarbeit führte.

Alle diese Ereignisse, wie auch andere Herausforderungen in meinem Leben, waren Teil des Aufstiegs aus meiner Phönix-Asche, aber den größeren Zusammenhang konnte ich erst sehen, als ich mich vollkommen hingab. Als ich mein Ego losließ, ereigneten sich ein Tod und eine Geburt. Das dominierende Ego kontrollierte mich nicht länger; seinen Platz nahm mein authentisches, ewiges Selbst ein. Endlich war ich zu Hause, zu Hause im Ewigen.

Ich erfuhr, dass meine menschliche Identität nur ein kleiner Teil meiner selbst ist. Heute erhalte ich meine Weisungen vom Unendlichen und setze sie im Endlichen in die Tat um. Wenn wir uns hingeben, erkennen wir den größeren Zusammenhang und unseren Platz darin. Durch Hingabe wurde mir klar, dass ich anderen helfen konnte, indem ich ihnen den Weg zu innerer Stärke und

Erkenntnissen aufzeigte, den ich selbst gefunden hatte. Durch Hingabe lernte ich, ganz aus einem Zustand der Weisheit und Liebe heraus zu leben statt auf der Grundlage tiefverwurzelter Ängste.

Wenn Sie Ihre Bestimmung erfahren, lernen Sie, die beiden Aspekte Ihres Selbst (das Unendliche und das Endliche) mühelos in alle Ihre Entscheidungen zu integrieren. Wenn Sie sich stetig mit Ihrer *Göttlichen Intelligenz* verbinden, wird Ihr Ego Sie nicht mehr kontrollieren, und diese neue Art zu leben wird Sie unfehlbar in einen Gnadenzustand führen. Diesen Weg zu gehen, erfordert oft Geduld. Das Unendliche offenbart sich in seinem eigenen Tempo, und die Einzelteile zusammenzufügen, ist manchmal wie ein schwieriges Puzzle, aber die Reise ist es wert. Gesellen Sie sich zu mir an diesen Ort, wo der Tod keinen Einfluss hat und wo die Antworten für ein erfüllendes, außergewöhnliches Leben liegen.

Hingabe

Weben Sie ein Tuch der Gnade

1. Bringen Sie Ihren Geist zur Ruhe, bis Sie aus der Endlichen Welt transzendieren. Werden Sie zum Beobachter. Nehmen Sie das Geschwätz Ihres Affengeistes zur Kenntnis, aber bleiben Sie davon losgelöst. Wenn Ihr Ego seinen Einfluss auf Sie verliert (je mehr Sie diese Methode üben, umso intuitiver wird der Prozess und damit auch die Gewissheit, dass Sie vom *Hier* der physischen Welt in das *Dort/Überall* Ihres Seinszustands übergegangen sind), treten Sie in das Reich Ihres Herzens und des Unendlichen hinüber.

2. In diesem Seinszustand werden Sie bemerken, dass der Weg zu Ihrer Seele jetzt offen ist. Ohne den Lärm werden Sie Teil der allumfassenden Stille. Lassen Sie Ihren Geist still und empfänglich werden. Wenn Sie alles Tun, Sagen oder Denken einstellen, werden Sie Teil dieser Stille.

3. Nachdem Sie in die Stille eingetreten sind, werden Sie bemerken, dass Sie über Ihre Gefühle, Ängste oder körperliche Form hinausgegangen sind. In diesem kontemplativen Zustand werden

Sie das Tor zu Ihrer Muse finden, Ihrem *wahren Selbst,* der Unendlichen Weisheit.

4. Gehen Sie in dieser Stille in Ihr Herz und hören Sie ohne vorgefasste Erwartungen zu. Nehmen Sie sich Zeit, in diesem Frieden zu baden, und genießen Sie die Geborgenheit im Göttlichen.

5. Wenn Ihre Seele sich öffnet, seien Sie empfänglich für jede Botschaft, die die *Göttliche Weisheit* Ihnen mitteilen könnte. Hören Sie vollständig zu, damit Sie Ihren Termin mit dem *Schicksal* besser einhalten können. Denken Sie daran, dass Sie an diesem Punkt nichts anderes tun sollen, als in der Stille zu bleiben und ohne Erwartungen zuzuhören. Ihre Rolle besteht darin, das Göttliche zu hören; Überlegungen und Planungen sind Dinge, die sich ganz natürlich entfalten werden.

6. Wenn Sie die Reise beenden, halten Sie fest, welche Weisheiten Ihnen zuteilwurden. Schreiben Sie auf, was Ihnen mitgeteilt wurde; seien Sie dabei so einfach und direkt wie möglich. Wenn Sie nur ein Wort empfangen haben, schreiben Sie es nieder. Wenn Sie nichts empfangen haben, ist auch das in Ordnung. Wenn Sie diese Praxis fortsetzen, wird Ihre Reise sich in ihrem eigenen Tempo entfalten.

7. Treten Sie aus Ihrem kontemplativen Zustand wieder heraus, und betrachten Sie, was geschehen ist. Wenn Sie angewiesen wurden, etwas zu tun, ist es Zeit, damit zu beginnen. *Ihr Geist agiert jetzt als Diener im Gegensatz zu seiner früheren Rolle als Diktator. Sehen Sie sich an, wie Ihre Welt jetzt von einer vom Ego beherrschten Realität zu einem Ort wird, wo Sie den Menschen dienen wollen.*

8. Konzentrieren Sie sich auf Ihr Schicksal, wie Ihre innere Weisheit es Ihnen gezeigt hat. Erschrecken Sie nicht, wenn Ihr Weg zuerst nicht ganz klar erscheint. Wenn Sie Sorgen haben, dass dieser Weg eigennützig ist, weil er noch nicht logisch erscheint, machen Sie sich klar, dass Sie durch die Befolgung des Göttlichen Plans letztendlich einen viel größeren Sinn erfüllen werden.

9. Tun Sie, was Sie in diesem Leben zu tun bestimmt sind. Das wird Ihnen mehr als alles andere Nahrung und Frieden geben. Mit dieser Sicherheit wird Angst keinen Platz in Ihrem Leben haben, und der Tod wird als Übergang auf Ihrer ewigen Reise verstanden werden.

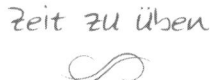

Zeit zu üben

Sei du die Veränderung, die du in der Welt sehen willst.
— MAHATMA GANDHI

Nachwort

Angstfrei

Ich hoffe aufrichtig, dass dies für Sie nicht das Ende des Buches, sondern der Anfang Ihrer angstfreien Reise ist.

Angst macht Menschen glauben, dass sie keine Wahl haben. In diesem Buch geht es darum, Ihnen Wahlmöglichkeiten zu geben und Sie dazu zu ermächtigen, Entscheidungen zu treffen, die Ihr Leben zum Besseren hin verändern werden. Wenn Sie Ihr Schicksal erkennen, wird Angst keinen Platz mehr in Ihrem Leben haben.

Heute, genau in diesem Moment, können Sie Ihr neues Leben beginnen. Machen Sie sich bewusst, dass es einige Unebenheiten auf der Straße geben und der Weg weit sein wird, aber seien Sie sich gleichzeitig auch darüber im Klaren, dass jeder Schritt Sie Ihrem vollen Potenzial näher bringen wird. Je mehr Sie die Methoden in diesem Buch üben, umso mehr werden Sie sich in diesem Gnadenfluss wiederfinden. Wenn Sie Ihre Rolle immer besser verstehen und Ihre neue Realität entdecken, werden Sie feststellen, dass das Leben kein Kampf mehr ist. Ohne es überhaupt zu wissen, werden Sie Ihre Göttlichkeit in Ihrer Menschlichkeit zum Ausdruck bringen und zu einem Instrument des Guten werden. Wenn

Sie sich in Frieden mit sich selbst vereinen, werden Sie zu einem Leuchtfeuer für andere. Angst existiert im Schatten; in Ihrem Licht wird es keine Schatten geben.

Denken Sie zurück an den Anfang dieses Buches und überlegen Sie, wo Sie sich jetzt befinden. Große Fortschritte finden oft statt, ohne dass die Personen sich bewusst sind, wie weit sie gekommen sind. Ich hoffe, dass Ihre Ängste beim Lesen nachgelassen haben und Sie jetzt bereit und gespannt darauf sind, Ihr Schicksal in die Hand zu nehmen.

Wenn Sie sich verändern, ändern Sie die Welt. Ein Teil dieser Veränderung wird kaum wahrnehmbar und greifbar sein; doch dank Ihrer Erkenntnisse wird die Welt weniger beängstigend sein. Gleichzeitig wird es aber auch sehr offensichtliche und greifbare Folgen geben – die Welt *wird* durch Ihr Verstehen und Bemühen zu einem besseren Ort werden. Ihre neue Lebensweise wird Sie an einen für Sie besseren Ort führen und helfen, eine bessere Welt zu gestalten.

Der Weg, der Sie erwartet, wird seine Herausforderungen haben, aber wenn Sie Zugang zu den Unendlichen Ressourcen erlangen, die Ihnen zur Verfügung stehen, werden Sie nicht länger von Angst getrieben sein. Wenn Sie wissen, dass Sie unterwegs dorthin sind, wo Sie sein sollten, und so leben, wie es für Sie bestimmt ist, werden Sie große Freiheit und Freude erfahren. Es wird an Ihnen liegen, diese Vision Ihrer Bestimmung zu nehmen und sie in Ihrem Alltag umzusetzen. Angst hält uns von der für uns bestimmten Reise ab, jetzt haben Sie die Weisheit und das Rüstzeug, um sich auf den Weg machen zu können.

Folgen Sie Ihrem Herzen, finden Sie Ihren Weg und beschreiten Sie ihn in Frieden.

Gloria Boileau

Über Gloria Boileau

Gloria Boileau hat ihre Lebensaufgabe darin erkannt, Menschen zu helfen, angstfrei zu leben. Ihre Schritt-für-Schritt-Übungen zeigen eine neue Lebensweise auf, die von Ängsten befreit, es den Lesern ermöglicht, ihr wahres Selbst zu entdecken, und sie den Frieden finden lässt, der ihnen bisher verwehrt blieb.

Seit zwanzig Jahren reist Gloria um die Welt und überbringt tausenden von Menschen in lebensverändernden Workshops ihre bahnbrechende Botschaft. Wenn Sie an einem Seminar von Gloria teilnehmen möchten, finden Sie dazu mehr online auf *www.GloriaBoileau.com* unter dem Tab *Workshops and Classes*.

Als renommierte internationale Referentin hält Gloria Vorträge auf vier Kontinenten. Außerdem coacht sie erfolgreich Führungskräfte und hat bewährte Methoden erarbeitet, um Angst zu besiegen und Frieden im Leben zu finden. Wenn Sie Gloria als Referentin für einen Vortrag oder eine Konferenz buchen möchten oder wenn Sie mehr über ihr Coaching-Angebot erfahren möchten, besuchen Sie ihre Website unter *www.GloriaBoileau.com* und klicken Sie auf den Tab *Interested in a Speaker*. Oder melden Sie sich telefonisch unter (800) 754.0150.

Gloria würde sich sehr freuen zu hören, wie sich dieses Buch auf Ihr Leben ausgewirkt hat. Bitte senden Sie Ihre Geschichten oder sonstige Anfragen an *Gloria@GloriaBoileau.com*. Für Fragen, Kommentare oder Referenzen ist Gloria auch erreichbar unter:

Gloria Boileau
c/o Regal Publishing Intl., LLC
8895 Towne Center Drive
PMB 129, Suite 105
San Diego, CA 92122

Weiterführende Informationen zu
Büchern, Autoren und den Aktivitäten
des Silberschnur Verlages erhalten Sie unter:
www.silberschnur.de

Natürlich können Sie uns auch gerne den
Antwort-Coupon aus dem beiliegenden
Lesezeichenflyer zusenden.

Ihr Interesse wird belohnt!

240 Seiten, broschiert
ISBN 978-3-89845-354-7
€ [D] 14.90

Alexander Sviyash

Ab heute bin ich Glückskind

Leben ist das, was ich will

Haben Sie tatsächlich das, was Sie für Ihr Glück brauchen? Nein? Dabei können Sie jederzeit zu einem wahren Glückskind werden und alles haben, was Sie sich wünschen. Es kommt nur auf Sie an!

Alexander Sviyash verrät, wie sich Ihr Leben selbst unter den schwierigsten Bedingungen drastisch zum Besseren wendet und wie Sie zu einem Glückskind werden. Ihre Ziele erreichen Sie zukünftig mit wenig Mühe.

Das mag wie ein Wunschtraum klingen, aber es ist eine unumstößliche Tatsache, von der Sie profitieren können, wenn Sie es nur zulassen ...

192 Seiten, broschiert
ISBN 978-3-89845-392-9
€ [D] 14.95

Ines Witte

Lebe aus der Kraft deiner Mitte

Aufgestiegene Meister zeigen dir den Weg

Der Aufgestiegene Meister Konfuzius führt dich auf den Weg zu einem intensiven Kontakt mit dir selbst und zu einer inneren Balance, die dir Harmonie, Gelassenheit und Zufriedenheit schenkt. Konfuzius hilft dir beim Erkennen des göttlichen Plans, beim Gewinn von Wissen und bei der Entfaltung deines eigenen Potenzials. Seine Channelings und Meditationen unterstützen dich darin, die Verbindung zur Kraft deiner Mitte wiederherzustellen und zu pflegen. So wirst du schon bald das Höhere Selbst als wissenden Ratgeber in dein alltägliches Leben einbeziehen.

240 Seiten, Klappenbr.
ISBN 978-3-89845-336-3
€ [D] 14.90

Carly Newfeld

Der inneren Führung vertrauen

Botschaften aus Findhorn

Carly Newfeld erkundet die vielen Möglichkeiten, um spirituelle Führung zu erhalten und auf unsere Intuition zu hören und beiden achtsam und freudig zu folgen.

Die Autorin schenkt uns einen Einblick, wie dank der inneren Führung von Eileen Caddy, Dorothy Maclean und Peter Caddy die Findhorn-Gemeinschaft entstand. Später nimmt sie uns mit zu sich nach Hause und auf Abenteuer, in denen wir schillernden Persönlichkeiten und ganz normalen Leuten begegnen, die uns zeigen, welche vielfältigen Formen innere Führung annehmen kann.

192 Seiten, broschiert
ISBN 978-3-89845-393-6
€ [D] 14,95

Gabriele~Saskia Drungowski

Das Beste für dich
Der Weg vom Unbewussten zum Bewussten

Öffnen Sie die Tür zu Ihren innersten Räumen, in denen Sie Erstaunliches über sich selbst und Ihre Beziehungen erfahren. Dieses Wissen hilft Ihnen, sich selbst wahrhaft zu erkennen und zu verstehen, dass Sie verantwortlich für Ihr Leben sind. Mit diesem Verständnis können Sie nicht nur Ihr eigenes Leben in die Hand nehmen, sondern auch die Welt verändern.
Die praktischen Anleitungen, Übungen und Meditationen in diesem Buch unterstützen Sie zu begreifen, wer Sie eigentlich sind. Dank dieses Wissens stehen Sie am Anfang einer ungeahnt tiefen Bewusstheit, die alles umfasst, was Sie für Ihr Leben und Ihren eigenen Weg benötigen.

176 Seiten, broschiert
ISBN 978-3-89845-412-4
€ [D] 12,65

Kurt Tepperwein

Nichts geschieht umsonst
Die Sprache des Lebens verstehen

Alles, was uns begegnet, und alles, was uns widerfährt, sind Botschaften des Lebens, die uns etwas Wichtiges mitzuteilen haben. Das Leben spricht ständig zu uns, allerdings müssen wir die Sprache des Lebens erst erlernen. Wenn Sie diese Sprache beherrschen, ist es Ihnen sogar möglich, die Botschaften des Lebens gezielt abzufragen. Sie können alle Erfahrungen und die verschiedensten Arten von Hinweisen optimal für sich nutzen, um ein erfolgreiches, erfülltes und gesundes Leben zu führen. Ein Buch, das sich mit allen Alltagsthemen auseinandersetzt und keine Fragen offenlässt.

336 Seiten, Klappenbr.
ISBN 978-3-89845-203-8
€ [D] 16,90

Dr. Etienne Jalenques

Die Glückstherapie
Emotionen als Wegweiser zum Glück

Ziel: Glück. In diesem Buch: keine Wunderrezepte, sondern ein Leitfaden, um dieses »gewisse Etwas« zu entdecken, das jeden von uns belebt und es uns ermöglicht, unsere Blockaden und Hemmungen zu überwinden. – Die Glückstherapie ist die Bilanz aus mehr als 15 Jahren der praktischen Analyse des Gefühlslebens der Menschen – Erfahrungswerte, die der Mediziner und Psychiater Etienne Jalenques im Laufe seiner langjährigen erfolgreichen Praxis gesammelt hat und die Ihnen bewährte Lösungen und Methoden vorstellen, die all jene interessieren dürften, die sich tatsächlich mit Beziehungsproblemen beschäftigen wollen – um endlich zu dauerhaftem Glück zu finden ...

128 Seiten, gebunden
ISBN 978-3-89845-365-3
€ [D] 12,95

Elisabeth Kübler-Ross

Über den Tod und das Leben danach

»Ich glaube, es ist jetzt Zeit, dass die Leute wissen, dass der Tod gar nicht existiert, wenigstens nicht so, wie wir uns das vorstellen.«

Die Schweizer Ärztin Dr. Elisabeth Kubler-Ross wurde für ihre wissenschaftlichen Arbeiten von mehreren Universitäten mit einem Ehrendoktortitel ausgezeichnet. Die Sterbeforschung hat durch ihre Bucher an besonderer Aktualität gewonnen, wie auch in der Sterbehilfe durch ihre eindringlichen Appelle neue Akzente gesetzt wurden.

»Sterben ist nur ein Umziehen in ein schöneres Haus.«

160 Seiten, broschiert
ISBN 978-3-89845-395-0
€ [D] 6,95

Kurt Tepperwein

In der Mitte deiner Gefühle

Unser ganzes Leben besteht aus Beziehungen, und ob wir wollen oder nicht, Beziehungen lösen immer wieder Emotionen in uns aus. Doch kaum ein Mensch hat noch einen unverfälschten Zugang zu seinen Gefühlen, dabei machen diese einen entscheidenden Teil unseres Lebens aus.

Kurt Tepperwein lädt Sie ein, sich näher auf Ihre Gefühle einzulassen. Sie erhalten nicht nur den Schlüssel, um Ihre eigenen Gefühle zu transformieren, sondern auch wertvolle Hilfen, um mit den Emotionen Ihrer Mitmenschen, wie Ärger, Eifersucht oder Zorn, souverän umzugehen. Durch die bewusste Handhabung der Gefühle entwickeln Sie eine immer stärkere emotionale Kompetenz und gelangen schließlich zur emotionalen Freiheit.

120 Seiten, 2-fbg., broschiert
ISBN 978-3-89845-386-8
€ [D] 6,95

Ernie Carwile

Das Geheimnis der Stille

Pssst … halten Sie einen Moment inne und seien Sie einmal ganz still … Was hören Sie?

Wissen wir noch um die Notwendigkeit der Stille in unserer lauten Welt? Kennen wir ihren Wert noch? Wir haben die Bedeutung und die Macht der Stille in unserem lauten Alltag fast komplett vergessen. Wenn wir aber wieder beginnen, uns des Reichtums und des enormen Wertes der Stille bewusst zu werden, werden wir daran erinnert, was uns unser ganzes Leben lang gefehlt hat.

Hier wird das Geheimnis entschlüsselt, welches in der Stille liegt, in der wir unser wahres Ich finden.